아이돌 스타 마스터플랜

〈일러두기〉

청소년들이 아이돌에 대한 정보를 잘 찾을 수 있도록, 자세한 내용과 정보를 각주에 실으니 해당 신문 기사와 도서를 찾아 참고로 읽어 보기를 바란다.

아이돌 스타 마스터플랜

초판 1쇄 발행 2021년 06월 15일

지은이   theD마스터플랜연구소(이은주)
발행인   조상현
마케팅   조정빈
편집인   김유진
디자인   김희진

펴낸곳   더디퍼런스
등록번호   제2018-000177호
주소   경기도 고양시 덕양구 큰골길 33-170
문의   02-712-7927
팩스   02-6974-1237
이메일   thedibooks@naver.com
홈페이지   www.thedifference.co.kr

ISBN   ISBN 979-11-61253-12-1 03370

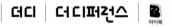

아이돌 스타 마스터플랜

theD마스터플랜연구소 지음

더디퍼런스

아이돌을 꿈꾸는 당신에게, 그리고 부모님께

아이돌은 선망의 대상이다.

팬들의 환호를 받으며, 춤추고 노래하는 아이돌은 언제 어디서나 멋있어 보인다. 특히 감수성 풍부한 청소년들은 아이돌을 무척이나 매력적으로 느낀다. 나아가 그들은 아이돌을 장래희망으로 정하거나, 닮고 싶은 롤모델로 삼는다.

청소년들 중에는 단순히 '멋있거나 유명해서' 아이돌이 되고 싶다고 말하는 이들이 많다. 아니면 일찍부터 자신의 재능을 알고 연습생이 되기도 한다. 어쩌면 아이돌이란 직업은 자아실현은 물론이고, 젊은 나이에 엄청난 부와 명성을 축적하는 기회가 되기도 한다.

우리 사회는 1, 2, 3세대 아이돌을 경험하며 아이돌 문화에 익숙해졌다. 이런 학습 효과로 연예 활동을 긍정적으로 생각하는 부모도 생겨났고, 자녀의 재능을 위해 춤과 노래를 가르치는 적극적인 부모도 있다. 그러나 이는 일부이다. 자녀에게 재능이 있어도 연예 활동을 내켜하지 않는 부모가 훨씬 많다.

이런 이유로 십대들은 부모의 반대를 무릅쓰고 춤과 노래를 배우러 다닌다. 당연히 부모의 입장에서는 속이 탄다. 곱게 키운 자녀가 잘못된 길로 나가지는 않을까 하는 염려 때문이다. 그러나 자녀는 부모의 뜻을 순순히 따르지 않는다.

그렇다면 어떻게 해야 할까?

미국의 심리학자 필립 브롬버그는 "좋은 부모란 아이의 핵심자아를 긍정하는 것이 아니라, 자아의 여러 상태 사이에서 협상하면서 그 사이를 유연하게 이동할 수 있도록 돕는다."라고 말했다.

청소년기는 자아가 아직 정립되지 않은 시기다. 자녀 스스로도 어떤 일을 하면 좋은지 정확하게 알지 못한다. 따라서 부모는 자녀의 무한한 가능성을 인정하고, 다양한 진로와 직업을 경험하도록 도와야 한다.

일단, 자녀가 아이돌이 되겠다고 하면 부모는 지켜봐 주어야 한다. 자녀가 연기, 춤, 노래 중에서 무엇을 잘하고 못하는지 지켜보면서, 관심 분야를 지지해 주어야 한다. 반대의 경우라도 괜찮다. 재능과 끼가 전혀 없는데 아이돌이 되겠다고 고집을 피워도 지지해 주어야 한다. 자녀가 왜 그런 꿈을 갖게 되었는지 아는 것이 더 중요하기 때문이다. 만만치 않은 현실에 부딪히면 자녀 스스로 다른 길을 찾게 될 것이니, 성급하게 판단하거나 그들의 생각을 좌

지우지하면 안 된다.

　아이돌이 되고 싶은 청소년 여러분은 어떤가? 혹시 여러분의 부모가 아이돌이 되는 걸 반대하는가? 그렇다면 이 방법을 써 보길 바란다. '감동 프로젝트'다. '감동 프로젝트'는 여러분 스스로를 점검하는 동시에 부모를 감동시키는 작전이다. 아이돌이 되고 싶은가? 그렇다면 뛰어난 실력이 있어야 한다. 아이돌이 되고 싶다는 욕심만으로 부모를 설득하기는 힘들다.
　부모를 감동시키려면, 여러분의 무기인 연기, 춤, 노래로 나서야 한다. 생각해 보라! 가족조차 감동시키지 못하는 사람이 어떻게 남들을 감동시킬 수 있을까? 여러분의 부모가 아이돌이 되는 걸 반대한다면, 먼저 여러분의 진심을 보여야 한다.
　오디션의 심사위원을 대하듯, 부모 앞에서 멋진 연기와 춤, 노래로 마음을 사로잡아야 한다. 아니면 아이돌이 되고픈 열정으로 무엇이든 열심히 하는 모습을 보여라. 설거지나 청소도 좋다. 작심삼일이 아닌 장기간의 노력을 들여라. 만일 부모가 여러분의 진심을 느낀다면 더는 반대하지 못할 것이다. 이 말을 기억하라! 반드시 감동이 있어야 한다.

　이 책은 아이돌이 되고 싶은 십대와 그들의 부모들이 함께 읽도록 아이돌에 대한 모든 정보를 담았다. 현재 아이돌이 활동하고 있는 모습부터, 아이돌이 되는 방법, 그리고 그 꿈을 이룬 다음 갖춰야 할 것들에 대해 다각도에서 다루었다. 아이돌이 되고 싶은 십대, 아이돌을 좋아하는 팬, 아이돌을 준비하는 연습생, 아이돌이 된 아이돌, 모두를 위한 책이다.

theD마스터플랜연구소

차례

1장

아이돌은
어떤 직업이지?

아이돌은
누구인가?

아이돌의 본래 뜻은 우상(idol)*이다. 우상은 신으로 숭배하는 대상을 가리키는데, 현대에 들어오면서 아이돌의 의미가 바뀌었다. 그 계기는 비틀즈 같은 톱스타의 등장이었다. 수많은 팬들이 톱스타에게 소리 지르며 열광하는 모습은 그 당시 사회에 큰 충격을 주었다.

우리나라에서 아이돌은 그룹으로 활동하는 십대 가수를 뜻한다. 물론 홀로 활동하는 솔로부터, 듀오, 멤버의 인원 제한이 없는 그룹까지 다양하다. 아이돌은 정체성이 중요하다. 왜냐하면 그룹의 성격에 따라 활동 방향이 정해지기 때문이다. 아이돌은 음악 방송을 통해 데뷔하며, 뮤직비디오, 공연, 예능, 팬미팅 등을 통해

---

* 돌이나 나무, 황금 등으로 깎거나 빚어서 만든 동물과 사람의 형상이다.

팬들과 만난다.

아이돌의 목표 중에 하나는 음악 순위에서 1위를 차지하는 것이다. 자고 일어나면 새로운 그룹이 나온다고 할 정도로 아이돌 시장은 경쟁이 심하다. 상대적으로 아이돌이 느끼는 부담은 무척 크다. 제한된 시간 안에 팬과 대중을 사로잡아야 한다는 압박감이 이들을 괴롭힌다. 그래서 다른 그룹보다 높이, 더 눈에 띄게 날아오르기 위해 최선을 다한다.

아이돌의 속사정

여러분은 1위란 말에 거부감이 들 수도 있다. 입시 경쟁에 놓여 있는 여러분도 항상 앞만 보고 달려가야 하니까 말이다. 노래와 춤만 좋으면 됐지 1위가 대체 무슨 상관이냐고, 그냥 즐기면 된다고 말할 수도 있다. 그러나 그건 보통 사람의 입장이다. 철저히 아이돌의 입장에서 바라보아야 한다. 1위란 곧 왕의 자리를 뜻한다. 그동안 고생을 하며 얻은 보상이자, 음악 시장에서 승자가 됐음을 세상에 알리는 일이다.

물론 이 승리는 영원하지 않다. 빠르게 변하는 음악 시장에서 인기는 갑자기 떨어지기도 한다. 1위를 한 아이돌은 상을 탄 순간만큼은 안도의 한숨을 쉰다. 다행이라고 생각하고 있지 않을까? 다른 아이돌과의 경쟁에서 살아남았고, 내일을 약속할 힘도 얻었으니까 말이다.

음악 방송의 마지막에 자주 나오는 장면이 있다. 수상을 한 그룹이 감사의 인사를 전하는 모습이다. 부모님부터 기획사 대표,

보컬 트레이너, 안무가, 스타일리스트, 매니저까지 골고루 언급한다. 그것이 진짜 그들의 속마음이다.

아이돌에 열광하는 이유

아이돌이 가는 곳마다 환호성이 들리고, 카메라 셔터 소리가 터진다. 팬들은 몸싸움도 마다하지 않고, 좋아하는 아이돌의 얼굴을 보기 위해 몰려든다. 매니저와 경호원은 스타를 보호하기 위해 접근하는 사람들을 떼어내려고 애를 쓴다. 아이돌은 빠른 걸음으로 그곳을 지나간다.

이 장면은 스타가 공항에 도착한 모습이다. 아이돌은 어디를 가든 화제의 중심에 놓인다. 무엇이 이토록 그들을 열광하게 하는 걸까? 연예인이니까 신기해서 그런 것이라고 말한다면 뭘 모르는 사람이다. 아이돌은 단순한 연예인이 아니다. 좋아하는 오빠이자 언니이고, 보지 않으면 견디기 힘든 사랑이다.

그래도 이해하기 어렵다면, 아이돌의 영상을 찾아보자. 단, 조심해야 한다. 호기심에 아이돌 영상을 찾아봤다가 덕통사고°를 당하는 사람이 꽤 많기 때문이다. 입덕°°의 계기는 단연 뮤직비디오다. 훌륭한 영상미와 줄거리, 아이돌의 아름다운 외모, 멋진 춤과

° 뜻밖에 일어난 교통사고처럼, 어떤 일을 계기로 하여 특정 대상이나 인물에 몹시 집중하거나 집착함을 비유적으로 이르는 말이다.

°° 어떤 분야나 사람을 열성적으로 좋아하기 시작하는 것을 말한다.

노래 등 조회수 높은 뮤직비디오를 보면 왜 그토록 팬심이 뜨거운지 이유를 알게 될 것이다.

아이돌이 '태양'이라면 연습생은 '그림자'

방송가를 두루 누비는 아이돌을 보면 깜짝 놀라게 된다. 무대에서 자신감 넘치는 태도와 각종 방송에서 보여 주는 끼와 재주는 마치 수년 동안 방송을 해 온 전문 방송인 같다. 그들은 대체 어디에서 나온 것일까?

아이돌의 활동 모습은 완벽해 보인다. 갑자기 하늘에서 뚝 떨어진 사람처럼 말이다. 외모는 별처럼 빛이 나고 재주 또한 뛰어나다. 과연 이들은 처음부터 스타의 싹을 지녔을까? 지나치게 완벽해서 의문이 들 정도다. 그러나 아이돌의 배경을 보면 금방 답을 얻게 된다.

이들은 스타이기 전에 연습생이었다. 연습생은 아이돌이 되려고 노래와 춤을 밤낮으로 연습하는 사람을 뜻한다. 말이 좋아 연습생이지, 연습생은 기약 없는 데뷔를 바라보며 끊임없이 자신을 갈고 닦아야만 한다. 운이 좋으면 몇 개월이지만, 길게는 십 년 이상 걸리기도 한다.

그럼에도 불구하고

기획사에서는 정기적으로 연습생을 테스트한다. 노래와 춤, 태도, 인품, 외모 그리고 그룹으로 만들었을 때 멤버들과의 어울림 등을 철저하게 살펴본다. 이렇게 십대 때부터 남들에게 냉혹한 판단을 받다 보면 큰 상처를 입기도 한다. 자신의 존재가 일회용품처럼 하찮게 여겨지니 말이다.

그럼에도 불구하고 많은 이들이 연습생이 되기를 원한다. 지금도 연습실에서 자신의 열정을 불태우는 연습생들이 무척 많다. 오직 단 하나의 이유 때문이다. 꿈이자 목표인 아이돌이 되기 위해서다. 아이돌이 될 수만 있다면 어떤 고난도 참으며 견딜 수 있다.

아무리 유명한 아이돌이라 할지라도 연습생이 아니었던 사람은 없다. 역대 유명 아이돌의 이름이 이 사실을 증명한다. 용기를 갖고 도전해야 한다! 안 그러면 그 자리를 빼앗길지도 모른다. 한류 스타가 되기 위해 외국인 연습생들도 찾아와 기획사 문을 두드리는 것이 현재 상황이다.

매력적인 케이팝 스타

우리나라 아이돌의 퍼포먼스는 최고 중의 최고다. 격렬한 안무와 함께 흔들림 없이 라이브를 소화해내는 능력은 세계 어디에서도 찾아보기 힘들다. 훌륭한 외모에 화려한 춤과 노래, 합이 딱딱 들어맞는 멋진 퍼포먼스를 보노라면 미소가 저절로 지어진다.

우리가 보기에도 좋은데, 이런 소문이 밖으로 나가지 않을 리가 없다. 더군다나 SNS와 동영상 사이트가 발달한 지금은 아이돌에 관한 뉴스가 세계로 곧장 전파된다. 아이돌이 새 앨범을 들고 나오면 해외 팬들도 즉각 반응한다.

해외 팬은 노래와 뮤직비디오, 공연, 음악 방송을 보고, 반응하는 리액션을 동영상 사이트에 올린다. 그리고 SNS를 통해 소식을 공유하며 실시간으로 멀리 떨어진 팬들과도 소통한다. 이런 긴밀함은 팬덤*의 강력한 힘이다. 그들은 친구와 지인과 가족에게 케이팝을 소개하고 지역 라디오에 케이팝을 신청하며, 앨범 차트의 순위가 올라가도록 할 수 있는 모든 노력을 다 기울인다.

●   어떤 사람을 열정적으로 좋아하는 사람이나 그 무리를 뜻한다.

아이돌이 하는 일

아이돌은 가수다. 가수는 노래 부르는 것이 직업인 사람이다. 가수는 청중이 모인 무대에서 가사를 부르고 곡에 따라 분위기를 연출한다. 가수의 실력은 청중의 마음을 얼마나 사로잡느냐에 달려 있다.

가수들은 각자의 특징과 개성이 있다. 호소력 짙은 음색, 독특하거나 맑은 목소리, 혹은 저음이나 고음의 소리로 노래한다. 여기까지가 기본적인 가수에 대한 정의다. 그럼 아이돌은 어떨까? 아이돌에게는 안무와 퍼포먼스가 더해진다. 그러다 보니 아이돌의 무대는 늘 활기차다. 한순간도 눈길을 뗄 수 없을 만큼 에너지가 넘치는 무대를 선보인다.

숨을 몰아쉴 만큼 격한 안무를 하는 이들을 보며 사람들은 생각한다. '저렇게 춤을 추며 노래는 어떻게 부르지?', '립싱크 하는 거 아니야?', '숨도 제대로 못 쉬는데, 어떻게 목소리에 떨림이 없지?' 짓궂은 이들은 MR* 제거 영상을 만들어 열심히 퍼트린다. MR 제거 영상 속 아이돌은 도마 위의 생선처럼 냉정한 판단을 받기도 한다.

노래 실력은 기본

예전에는 실력이 떨어지는 아이돌도 있었다. 기획사조차 아이돌에 대한 개념이 부족했을 때다. 춤 위주로 활동하는 아이돌이니, 노래 실력이 조금 부족해도 그냥 넘어가던 시절이었다. 노래를 잘하는 멤버가 주로 마이크를 잡았다. 춤과 외모를 담당하는 멤버도 노래 몇 소절과 후렴구 등 자기 몫이 있었다. 물론 그룹의 인원이 많을수록 분량은 적어지지만 말이다.

다시 원래 이야기로 돌아가 보자. 요즘은 아이돌의 실력 차이가 거의 없을 만큼 수준이 비슷해졌다. 노래 실력이 형편없다면 노력을 해서라도 만들어야 하는 분위기가 형성되었기 때문이다. 가수가 노래를 못한다는 건 기본 책임을 다하지 못한다는 증거다.

팬과 대중의 눈은 기자보다 무섭다. 그들은 MR 제거 영상이나, SNS와 포털사이트 댓글 등으로 아이돌을 실시간으로 평가한다. 이 글을 보는 여러분도 아이돌이 되고자 한다면, 가수의 기본에 충실해야 한다는 점을 잊지 말아야 한다.

---

* 반주를 뜻하는 Music Recorded의 약자다. MR 제거란 배경 음악이 없는 가수의 음성을 말한다. 가수가 미리 녹음해 놓은 것을 제거하고 라이브만 살린 것이다.

춤의 영향력

노래가 가사를 전달한다면, 춤은 가사의 느낌을 표현한다. 춤은 몸짓 언어로써 가사가 전하는 의미를 보다 본능적으로 표현해낸다. 백 마디 말보다, 손짓 하나 몸짓 하나가 머릿속에 더 잘 새겨진다. 핏속에 흐르는 DNA, 즉 원시 시대의 기억 때문일까. 아무튼 춤은 본능을 자극하는 무언가가 있다.

그래서 안무는 이 본능을 자극하는 강렬함이 중요한 비법이다. 춤을 모르는 보통 사람들도 신이 날 때 몸을 흔들며 유행하는 포인트 안무 하나쯤은 따라 할 정도다. 춤추기를 좋아하는 사람들은 아이돌의 안무를 모두 외워 버린다. 또래 친구들과 아이돌 안무 영상을 보고 연습하면서 케이팝 커버 댄스*를 완성하여 인터넷에 올리기도 한다.

커버 댄스의 열기가 피어오르면 같이 춤추고자 하는 사람들이 늘어난다. 서로의 마음을 확인하고 광장으로 모여들면 아이돌 챌린지가 완성된다. 아이돌의 영향력이 돋보이는 장면이다. 춤은 인간의 열정을 깨우는 게 분명하다. 그게 아니라면 커버 댄스를 연습하거나 아이돌 챌린지에 도전하는 젊은이들의 마음을 이해할 방법이 없다.

---

* 외국인들이 케이팝 아이돌을 흉내 내는 것이다. 뮤직비디오에 나온 춤과 패션 스타일을 비슷하게 연출하는 게 특징이다.

연습의 필요성

최정상 아이돌일수록 완벽한 무대를 선보인다. 가벼운 몸으로 퍼포먼스를 펼치고, 대열을 이뤘다가 흩어지고 자유자재로 춤추는 모습은 경이로움을 느끼게 한다. 보통 사람은 흉내 내기도 어려운 동작을 너끈히 해낸다. 이렇게 춤을 잘 추는 비결은 뭘까? 어릴 적부터 무용을 배웠거나 선천적으로 몸이 유연해서 그럴 수도 있다. 춤을 잘 추는 건 축복이다. 이 재능으로 자신을 돋보이게도 하고, 그룹을 띄우기도 한다. 그러나 재능이 전부는 아니다.

늘 연습이 필요하다. 축구선수 박지성이나 발레리나 강수진을 말하지 않아도, 연습은 필수이다. 자신의 실력을 닦기 위한 연습은 기본이다.

가장 중요한 건 멤버들과 잘 어울리면서 그 재능을 발휘하는 것이다. 혼자만 튀려는 태도는 좋지 않다. 실력이 떨어지는 멤버를 이끌고 팀의 조화를 이뤄야 한다. 여러 명이 한 몸인 것처럼 움직이는 것은 쉬운 일이 아니다. 하지만 마음이 모이면 못 하는 일이란 없다. 힘을 합치면 자신의 한계도 뛰어넘는다. 무대 공포증도, 고난이도 퍼포먼스의 어려움도 떨쳐낸다.

춤을 못 춰도 오직 연습뿐

앞에서 춤을 잘 추는 경우를 짚었다면, 이번에는 반대의 경우를 알아보자. 춤을 못 추는 아이돌에 관한 얘기다. 아이돌이 춤을 못 춘다고? 웬 뜬금없는 말이냐고 말할지도 모른다. 하지만 사실이다. 길거리 캐스팅으로 기획사에 가서 처음으로 춤을 춰 본 경우,

배우를 준비하다가 갑자기 아이돌이 된 경우, 실력파 가수를 꿈꾸다가 온 경우까지 다양하다.

이들은 다른 분야에서 활동하던 사람들로 기획사의 필요에 의해서 한데 모인 경우이다. 춤을 전혀 모르던 사람들이 아이돌 세계로 뛰어든 것이다. 굳은 몸으로 다리 찢기의 고통을 참아야 하고, 안무가가 보여 준 동작을 따라 하려고 수천, 수백 번 연습해야 한다.

머리는 아는데 몸이 따라 주지 않는 상황이 벌어진다. 얼굴은 벌게지고 쥐구멍이라도 찾아 들어가고픈 심정일 거다. 그래도 포기해서는 안 된다. 초조해도 지름길은 없다. 춤을 잘 추는 방법은 오직 하나, 연습뿐이다.

무대 위의 아이돌

꾸준한 연습은 마침내 열매를 맺는다. 멤버 모두의 안무 실력이 눈에 띄게 나아지고, 안무가가 의도한 대로 퍼포먼스도 나온다. 일명 아이돌의 칼 군무, 포인트 안무가 이렇게 해서 완성된다. 안무가 멤버들 몸에 새겨지도록 연습을 마치면, 이제 무대 위에 서야 할 때다. 번쩍! 화려한 조명이 켜지고 카메라가 돌아가면 퍼포먼스가 펼쳐진다. 주어진 무대를 열심히 하는 아이돌에게 팬들의 응원이 쏟아진다.

그 와중에 팬들은 아이돌의 스타일을 살피기에 바쁘다. 머리 모양과 염색, 렌즈 색깔, 의상과 액세서리, 표정과 춤 동작, 가사의 의미까지 살피며 그들을 분석한다. 좋아하는 스타가 카메라에 정

면으로 들어오기라도 하면 흥분은 최고조에 달한다. 무대에서 춤
추는 아이돌은 마치 인간의 모습을 한 신과도 같다. 열광하는 팬
들을 보면 왜 그들을 아이돌이라고 부르는지 알게 될 것이다. 다
시 한 번 말하지만, 아이돌(idol)의 본뜻은 우상이다.

프로의 자세

아이돌에게도 말하지 못할 고민이 있다. 무리한 스케줄로 몸 상
태가 나빠지고, 식단 관리의 어려움으로 기운이 없다. 그래도 카
메라 앞에서는 늘 같은 모습을 보여야 한다. 우리가 볼 때는 한 번
의 무대지만, 아이돌은 수십 번 같은 무대에 선다.

무대는 예상하기 힘든 공간이다. 날씨, 세트, 방송 장비 등의 이
유로 종종 사고가 발생한다. 이런 위험이 있음에도 아이돌은 프로
의 자세로 임한다. 예를 들자면 이렇다. 인 이어*에 불꽃이 튀는데
도 티 내지 않고 무대를 마친다. 비가 내린 무대에서 엎어지고 미
끄러져도 끝까지 춤을 춘다. 킬힐에 뒤꿈치가 까여도 운동화를 신
은 것처럼 가볍게 움직인다. 격한 동작으로 바지가 터져도 자연스
럽게 퍼포먼스를 한다.

그 밖에 여러 부상으로 몸이 힘들어도 휠체어에 앉을지언정 포기
하지 않는다. 이런 인내가 아이돌의 세계를 더 견고히 한다.

●　　가수들이 모니터링용으로 사용하는 귀에 끼는 이어폰이다.

공장형 아이돌

공장형 아이돌이라는 말을 들어봤을 거다. 이 말에는 아이돌을 향한 편견이 담겨 있다. 공장형 아이돌은 기획사가 하나부터 열까지 책임지는 방식을 가리킨다. 이를테면, 연습생부터 데뷔, 계약 종료까지 모든 일을 기획사가 담당하는 것이다.

아이돌 음악이 대중에게 인기가 있다 보니, 현재 음악 시장은 한쪽으로 치우쳐 있다. 대중 입장에서는 다양한 음악을 듣지 못해 불만이 쌓인다. 그 결과 사람들은 아이돌에 대해 삐딱한 시선을 갖기도 한다. 그러나 그 책임이 아이돌에게 있는 것은 아니다. 다양한 음악이 나오려면 듣는 이와 만드는 이의 노력이 모두 필요하다. 특히 음악을 만드는 산업 전체의 의지가 절대적이다.

공장형 아이돌이라는 말은 아이돌에게 가혹한 말이다. 이 용어가 덧씌우는 부정적인 면을 덜어내고 아이돌을 바라보아야 한다. 이들이 연습하는 데 들이는 시간과 노력을 안다면 함부로 공장형 아이돌이라고 부르지 못할 것이다.

두 부류의 아이돌

아이돌은 두 부류가 존재한다. 춤과 노래를 따라 부르는 수준의 아이돌과 예술가(아티스트)를 목표로 하는 작가형 아이돌이다. 출발은 같다. 데뷔를 하고 노래와 춤으로 사랑받아 대중에게 얼굴이 알려진다. 연이은 방송 출연으로 광고를 찍는 행운도 누린다. 인기가 좋아서 사람들의 입에 자주 오르내리면서 점점 스타라는 이름에 걸맞은 아이돌로 성장한다.

여기저기서 부르는 사람이 많으니 당연히 눈코 뜰 새 없이 바빠진다. 재밌는 건, 이 시기를 어떻게 보내느냐가 단순 아이돌과 작가형 아이돌로 나뉘는 기준이 된다는 점이다. 인기라는 달콤함에 머물러 있어도 된다. 하지만 내일도 행복할 거란 환상에 젖어 있는 것은 좋지 않다.

작가형 아이돌의 역량은 이 시기에 나타난다. 쉬거나 잠자는 시간을 쪼개서 작업에 무섭게 몰두한다. 작사, 작곡, 제작 진행(프로듀싱)의 실력을 차곡차곡 쌓으면 기획사에서도 가능성을 인정해 준다. 믹스 테이프*나 앨범으로 아이돌을 지원하는 것이다.

작가형 아이돌

결국 목표를 어디에 두느냐가 핵심이다. 작가형 아이돌이 빛나는 이유는 그 자리에 만족하지 않고 열심히 노력하는 데 있다. 음악을 만들 시간도 없이 바빠 보이는 아이돌이 어느 날, 개인 앨범을 들고 나온다. 거기다 음악적 재능까지 더해져 음악 순위 1위를 하면 더 무엇을 바라겠는가.

사람들은 무엇보다 진솔한 이야기에 귀를 기울인다. 그것이 누군가의 특별한 이야기라면 눈을 반짝이며 다가갈 것이다. 스타가 아닌 평범한 인간으로 보는 세상이 궁금하기도 하다. 청춘의 고민을

---

* 무료로 공개되는 노래나 앨범을 뜻한다. 주로 흑인 음악의 영향을 받은 힙합이나 리듬 앤 블루스 가수들이 한다. 믹스 테이프의 뜻은 여러 가지인데, 초반에는 좋아하는 노래를 녹음하는 방식을 일컬었다.

자신만의 언어로 표현한 음악은 이렇게 특별하다.

작가형 아이돌의 길은 어렵다. 쉽지 않은 길이므로 누구나 선뜻 걸어갈 용기가 없다. 하지만 문은 언제나 열려 있다. 아티스트로서 꾸준히 발돋움한다면 반드시 원하는 바를 얻을 수 있다. 하늘은 스스로 돕는 자를 돕는다고 했다. 열망이 간절하다면 못 할 일이 없다.

아이돌 그룹의
정체성

아이돌에게 성격은 중요하다. 성격은 그들의 정체성*을 말한다. 앨범의 방향, 노래 스타일, 춤과 퍼포먼스, 멤버들의 외모 분위기와 캐릭터에도 영향을 미친다. 만약, 아이돌에게 확실한 성격이 없다면 어떻게 될까? 보나마나 쉽게 잊힐 것이다. 정해진 성격이 없거나 흐릿하다면, 아이돌의 생명은 짧아진다. 방송 출연 한 번으로 아이돌 생활이 영영 끝날지도 모른다.

기획사에서 아이돌의 성격을 구분 짓지 않은 채, 시장에 급하게 내보내는 것은 무척 위험한 일이다. 그래 놓고 팬들에게 아이돌을 좋아해 달라고 하는 건 무리다. 팬의 입장에선 매력적인 그룹이 많기 때문에 굳이 매력 없는 그룹을 좋아할 이유가 없다. 그러

---

* 어떤 존재가 본질적으로 가지고 있는 특성이다.

므로 기획사의 기획력이 무엇보다 중요하다.

변신

아이돌은 대중에게 무언가를 보여 주는 일을 한다. 그래서 아이돌은 변신에 익숙하다. 변신은 어떻게 하는 걸까? 그 방법 중 하나가 이미지 연출이다. 아이돌에게 이미지는 패션과도 같다. 사람들이 계절에 따라 옷을 갈아입듯이, 아이돌도 콘셉트를 자유로이 바꾼다.

예를 들어, 아이돌이 화보를 찍는 장면을 상상해 보자. 그들은 풋풋한 소년과 성숙한 남성, 두 가지 모습을 준비 중이다. 메이크업과 의상, 헤어를 담당하는 스태프들이 아이돌을 꾸며 주고 있다. 아이돌은 어느새 소년으로 변해 있다. 소년이 된 아이돌이 조명 앞에 선다. 아이돌은 소년다운 옷을 입고 푸른 초원에 서서 포즈를 취한다. 맑은 눈빛과 아이다운 표정이 순수해 보인다.

이번에는 남성다운 모습이다. 도시적인 느낌에 강한 남성의 이미지를 준비하고 있다. 머리를 완전히 뒤로 넘기고, 검은 양복으로 빼입는다. 한쪽 손에는 지팡이를 든다. 또 다른 멤버 옆에는 멋진 경비견 도베르만이 서 있다. 찰칵! 이런 식으로 이미지가 하나하나 만들어진다.

이처럼 아이돌의 다양한 이미지를 보여 주려면 반드시 필요한 게 있다. 아이돌에게는 이미지를 표현하는 감수성이, 기획사에게는 기획력과 물질적 지원 능력이 필요하다.

아이돌의 다양한 이미지 연출

아이돌의 이미지를 연출하는 방법을 살펴보면 크게 세 가지다. 첫째, 꿋꿋이 한 가지 스타일로 가는 방법이다. 예를 들어, 크래용팝은 5인조 여성 그룹으로, 헬멧과 체육복을 입고 춤을 추는 모습으로 유명했다. 늘 헬멧을 쓴 건 아니지만, 사람들은 크래용팝 하면 헬멧을 떠올린다. 그 밖에 소녀와 소년, 섹시함 등의 한 가지 이미지만 강조하는 그룹들도 있다.

둘째, 큰 틀 안에서 다양한 모습을 보여 주는 방식이다. 강한 여성을 보여 주고자 했던 브라운 아이드 걸스, 투애니원 등이다. 사랑과 세상 앞에 우뚝 서려는 태도는 노래 가사와 패션에서 드러난다. 당당한 여성미가 장점이다. 귀여움과 연약함, 섹시함을 강조하는 다른 여성 그룹들과 차별화되는 점이다.

셋째, 팔색조 같은 이미지를 추구하는 방법이다. 앞에서 말한 기획사의 힘이 크게 작용하는 경우다. 주로 대형 기획사의 아이돌이 여기에 속한다. 어찌 보면 이들은 여유로운 아이돌이라고 하겠다. 앨범 콘셉트에 따라 표현하고자 하는 이미지를 자신만만하게 표현할 수 있기 때문이다.

이미지란?

1세대 아이돌인 H.O.T가 처음 등장한 이후로 많은 아이돌이 나타났다가 사라졌다. 그 시기부터 지금까지 활동한 아이돌의 모습을 보면 무척 흥미롭다. 이들이 입고 나왔던 무대 의상만 세대별로 모아 보아도 무척 흥미로울 것이다.

남성 그룹은 풋풋한 소년, 개구쟁이, 성숙하거나 거친 남성의 모습을 보여 왔다. 심심치 않게, 사랑에 빠진 남자의 모습이나, 이별의 아픔을 감성적으로 연출하기도 한다. 남성 그룹에게 강한 이미지를 심어 주고 싶다면, 과거에는 전사의 이미지를 이용했다. 남성 그룹이 데뷔나 컴백을 앞두고 있다면, 기획사는 무척 신중해진다. 강한 이미지로 나가야 할지, 아니면 개성 있는 모습을 선보일지 고민이 되기 때문이다.

상대적으로 여성 그룹의 이미지는 남성 그룹보다 표현할 게 더 많다. 귀여운 소녀, 외로운 소녀, 말괄량이, 당당하고 거친 여성, 섹시미, 이상하고 엉뚱한 매력을 풍기는 이미지까지 무척 다양하다.

그러나 이런 매력을 뒤로하고, 기획사가 섹시함만을 무기로 내세우면 생명이 짧아진다. 언론의 주목을 받기 위해 기획사가 무리하게 일을 진행하는 경우인데, 이는 위험한 전략이다. 여성 그룹의 지나친 섹시함이나 노출은 인기나 성공과 관련이 없다. 사람들의 일회성 관심만 있을 뿐이다. 오히려 아이돌로서의 매력이 떨어져 회복이 불가능해진다.

콘셉트 전략

아이돌 그룹의 콘셉트에는 어떤 것이 있을까? SM 아이돌 그룹 중에서 살펴보면 다음과 같다.

① 동방신기(東方神起): 동방의 신이 일어난다.

② 샤이니: 컨템퍼러리 밴드.

③ 슈퍼주니어: 아시아의 아이돌 등용문.

④ 소녀시대: 소녀들이 평정할 시대가 왔다.

⑤ 엑소: 미지의 세계에서 온 새로운 스타.

글로 읽는 아이돌의 콘셉트는 마치 웹툰을 읽듯 흥미진진하다. 기획자의 입장에서 보자면, 콘셉트를 잡는 일은 보석을 만드는 일처럼 무척 까다로운 일이다. 작업의 내용에 따라 아이돌 그룹의 성격이 나오고, 앨범 방향과 노래 스타일, 뮤직비디오의 분위기 등이 결정되기 때문이다. 더 자세히는 멤버들의 캐릭터와 의상, 헤어스타일, 액세서리, 연출 방식도 정해진다.

새로운 시도

아이돌이 늘 새로운 이미지로 변신을 하듯이, 전략 또한 계속 바뀐다. 그러나 이미지와 콘셉트만으로 아이돌의 매력을 표현하기에는 한계가 있다. 요즘엔 여기에 서사*를 더한다. 서사의 장점은 아이돌이 성장하는 모습을 그대로 앨범에 담을 수 있다는 점이다.

여기에 스토리텔링, 즉 문학적 이야기 방식을 담으면 아이돌의 이미지가 더 풍부해진다. 이 전략은 소설 속의 주인공처럼 보

---

* 사건이 진행되어 가는 과정이나 인물의 행동이 변화하는 과정을 시간의 흐름에 따라 차례로 이야기하는 서술 방법이다.

이는 효과를 준다. 대중에게 들려주고픈 이야기가 끊임없이 생긴다. 거기다 다른 문학 작품도 넣어 아이돌의 이미지에 날개를 달아 준다.

패션에 대해서도 알아보자. 예전에는 여성 그룹과 남성 그룹을 표현하는 이미지에 한계가 있었다. 태어난 순간부터 정해진 자연스러운 성, 즉 여성과 남성의 정해진 선을 지켜야 했기 때문이다. 그러나 이런 개념을 깨는 패션이 등장했다. 바로 '젠더플루이드 패션●'이다.

'젠더플루이드 패션'은 패션을 성으로 구분하는 사회에 저항하는 현상이다. 여성과 남성의 옷을 구분하지 않고 입는 것을 말하는데, 아이돌이 무대에서 이를 표현하면서 화제가 됐다. 남자 아이돌이 복근을 드러낸 크롭 탑(배꼽티)을 입고 독무를 추는 모습이 자연스러워졌을 정도다.

음악성

아이돌의 성격을 구분 짓는 큰 요소 중에 하나는 음악이다. 그래서 기획사가 어떤 음악을 선택하느냐에 따라 아이돌의 정체성도 결정된다. 당연한 말이지만, 기획사가 음악성에 관심이 있으면 깊이 있는 음악이 나오고, 관심이 없으면 가벼운 음악이 나온다.

● 여성이 남성의 양복을 입거나 남성이 여성 의복을 입는 것을 뜻한다. 남성이 배꼽티에 하이힐, 통굽, 핸드백 따위를 걸치기도 한다.

대중가요에는 힙합, 레게, 록, 리듬 앤 블루스, 발라드, 팝, 재즈, 일렉트로닉 등이 있는데, 아이돌 음악을 제작하는 대표들은 주로 미국 팝음악(흑인음악)에서 영감을 받은 것으로 보인다. 마이클 잭슨의 음악과 춤이 어마어마한 영향을 끼친 셈이다.

기획사마다 음악을 만드는 특징이 있다. 능력 있는 작곡가 몇몇에 의지해 음악을 만드는 곳, 소속 아이돌과 프로듀서가 음악을 만드는 곳, 전 세계 여러 작곡가들과 함께 음악을 만드는 곳 등이다. 기획사의 경제 사정이나 대표의 회사 운영 철학 등이 담겨 있어 무엇이 더 낫다고는 말하기 힘들다.

그런데 한 해외 평론가의 말이 귀를 쫑긋거리게 한다. 그가 말하길, 한국 아이돌은 음악에 대한 두려움이 없다고 한다. 해외 아티스트와 달리 음악 장르를 거침없이 넘나드는 시도가 케이팝을 성공으로 이끌었다고 한다.

어떤가? 우리도 몰랐던 점을 시원하게 긁어 주니 어깨가 으쓱하지 않은가. 우리나라는 아이돌에 대한 평가가 낮은 편이다. 이제부터라도 아이돌의 음악성과 가치를 제대로 바라보아야 한다.

아이돌의 직업 특징과
요구 능력

아이돌은 기회가 많은 직업이다. 본업은 가수지만 다른 분야로
나갈 수 있는 기회가 많다. 방송에 출연하는 직업 중에 이렇게나
가능성이 많은 직업이 있을까? 아이돌을 향해 문을 활짝 열어 둔
직업에는 어떤 것이 있을까?

작사가, 작곡가, 프로듀서, 배우, 성우, 예능인, MC(사회자), 라
디오DJ, 글 작가, 사진 작가, 개인 방송 등 다양한 직업이 있다. 팔
방미인이라는 표현이 딱 들어맞는다. 여러 방면에 능하기에 못하
는 일이 없다고 보아도 될 정도다.

그러나 이에 따른 책임도 무거운 법이다. 아이돌을 일컬어 만능
엔터테이너라고 하는데, 이런 호칭에 걸맞지 않는 연기력과 행동
을 보이면 따가운 꾸지람이 날아든다. 특히 배우로서 형편없는 연
기력을 보이면, 시청자는 화를 내거나 곧장 외면을 한다.

또 벌어들이는 많은 돈과 명예에 비해 사회적인 책임을 소홀히

여기면 거센 비난을 받는다. 사회적 사건이나 역사에 대해 함부로 말하거나, 비상식적인 언행, 스캔들, 음주운전, 약물복용 등으로 문제가 생기면 다시는 카메라 앞에 설 기회조차 없을 것이다.

작사가+작곡가+프로듀서

아이돌은 뮤지션이다. 아이돌 모두가 로봇처럼 노래와 춤만 춘다고 생각하면 곤란하다. 지금 당장 유명 아이돌 멤버 하나 하나를 검색해 보면 깜짝 놀랄 것이다. 악기를 연주하는 실력과 작사, 작곡, 프로듀싱을 하는 능력까지 갖춘 아이돌이 많다. 게다가 다른 가수의 곡을 써 주는 공동 작업까지 거뜬히 해낸다.

아이돌이 되고 싶다면 뮤지션의 능력을 키워야 한다. 아이돌 오디션의 경쟁률은 항상 높다. 춤과 노래 같은 재능으로 오디션을 통과할 자신이 없다면 자신만의 무기를 만들어야 한다. 남들과 다른 능력을 갖춰 도전하는 것이다. 그래야 경쟁력이 생긴다. 기획사도 특별한 아이돌을 원한다. 예쁘고 잘생긴 얼굴로만 승부를 보면 안 된다. 무기가 없다면 지금이라도 만들어야 한다.

자신이 가진 무기가 그저 쇳덩이에 불과한 막대기라면, 계속 벼리기를 바란다. 명검을 만드는 대장장이처럼 말이다. 펄펄 끓는 풀무 불에 쇳덩이를 넣어 달구고, 꺼내서 탕탕 두드리고, 칼 모양이 나올 때까지 포기하지 않는 대장장이의 인내를 닮아야 한다.

배우가 되는 아이돌

배우는 아이돌이 진출하는 분야 중에 가장 활발한 편이다. 아이돌이 배우로 활동하는 게 드물었을 때는 연기력 논란이 많았다. 그러나 요즘 연기에 도전하는 아이돌은 연기에 임하는 자세가 꽤 진지하다. 눈빛부터 예사롭지가 않다. 연기력도 뛰어나다.

아이돌은 배우로서 영화, 드라마, 연극, 뮤지컬에서 활동한다. 그중에서 뮤지컬 분야가 아이돌의 적성에 가장 잘 맞는다. 옷으로 비유하자면, 처음 입어도 편안하고 옷매무새가 멋지게 느껴진다고 하겠다. 아이돌은 노래와 춤을 잘해야 하는 직업이다. 그래서 자신의 실력을 늘 갈고 닦는다. 여기서 뮤지컬 배우와 비슷한 점이 있다. 노래와 춤은 뮤지컬 배우에게 무척 중요한 능력이기 때문이다.

뮤지컬 배우는 거대한 무대에서 관객을 휘어잡을 줄 알아야 하는 직업이다. 능숙한 노래와 춤, 연기로 말이다. 노래와 춤으로만 보자면 아이돌과 뮤지컬 배우의 성격이 거의 같다. 이 같은 이유로 뮤지컬 배우로 진출하는 아이돌이 많이 있다.

만능 엔터테이너가 되는 아이돌

아이돌 그룹으로 활동할 때는 하나의 목적이 있다. 실수 없이 최선을 다하고, 그룹의 이름을 드높이는 것이다. 방송, 공연, 인터뷰 등의 일이 잡혔을 때는 아이돌로서의 모습을 보여 준다. 주어진 콘셉트와 캐릭터에 충실한 것이다. 그러나 그룹 스케줄을 모두 마치면, 각자의 활동에 집중한다.

개인 활동 스케줄은 그룹으로서의 무게를 조금은 내려놓는 시간이다. 자신의 개성을 맘껏 표현하는 기회이기도 하다. 멤버 개

개인마다 꿈이 있다. 뮤지션이 목표인 아이돌, 연기를 하고픈 아이돌, 입담이 좋아서 예능과 라디오DJ를 하고자 하는 아이돌 등 저마다 성격과 재능이 다르기에 이루고자 하는 바도 다르다. 열정이 있다면 자신만의 독특한 이력을 개척할 수 있다.

만능 엔터테이너로 활동하는 아이돌에는 슈퍼주니어의 이특, 신동, 김희철, 려욱 등이 있다.

요구 능력

아이돌에게 필요한 요구 능력은 무엇일까? 여러분도 한번 생각해 보길 바란다. 연습, 노력, 끈기 같은 단어를 먼저 떠올렸다면 '땡~' 이라고 답해 주겠다. 연예인이 된다는 건 보통 사람과는 다른 일을 한다는 것을 의미한다. 따라서 요구 능력은 연예인으로서 반드시 지녀야 할 특수한 능력을 말한다. 그 능력이란 무엇인가? 바로 끼와 연기력이다.

끼는 연예인의 타고난 재능이나 소질을 뜻한다. 연기력은 배우가 대본의 인물이나 상황에 맞춰 재주를 보이는 능력이다. 주로 연극, 영화, 드라마에서 이 연기력을 선보인다.

예를 들어 흡혈귀를 표현해야 한다고 생각해 보자. 노래의 시작 부분인 인트로에서 인간의 목을 노리는 흡혈귀를 표현할 예정이다. 여기에 뛰어난 연기가 들어가야 한다. 흡혈귀의 여러 면이 있겠으나, 무대 콘셉트에 맞는 연기를 해야 한다. 흉측한 흡혈귀보다는 뭔가를 갈구하는 유혹적인 연기가 아이돌 무대와 잘 어울린다. 흡혈귀를 연기하는 사람의 눈빛, 몸짓, 손짓 등이 중요한데,

끼는 여기에서 빛을 발한다.

끼와 연기력, 그리고 노력!

끼가 있느냐 없느냐에 따라 그 역할을 맡은 사람이 다르게 보인다. 이는 진짜 흡혈귀처럼 보이느냐, 흡혈귀를 연기하는 사람으로 보이느냐의 차이다. 끼가 있는 사람은 '맛깔 나는 연기'를 표현할 줄 안다. 끼가 있는 사람들은 분위기부터 뭔가 다르다.

다 좋기만 할 것 같은 이들은 질투의 대상이 되기도 한다. 특별히 대단한 일을 하는 것도 아닌데, 주어진 일마다 술술 풀리고 잘 되는 듯 보이기 때문이다. 그런데 그런 그들도 조심해야 할 것이 있다. 타고난 끼를 계속 발전시키지 않으면 신이 그 재능을 도로 가져가 버린다는 점이다. 끼가 있다고 해서 교만하거나 게을리 생활한다면, 누군가가 그 영광을 낚아채 버릴 것이다.

그 누군가는 쉼 없이 노력하는 자이다. 98%의 재능이 있다고 하더라도 2%를 노력으로 채우지 않으면 소용이 없다. 가장 무서운 사람은 포기하지 않고 노력하는 사람이다. 연기력을 키우기 위해 쉼 없이 노력하는 아이돌이 여기에 해당한다.

감각 키우기

과거에는 아이돌이 연기를 하면 비웃음과 놀림의 대상이 되기도 했다. 1세대와 2세대 아이돌 중 준비가 안 된 이들이 겁 없이 배우로 나오면서 밑천이 다 드러난 것이다. 어색한 연기와 과한 얼굴 표정, 우는지 웃는지 알기 힘든 연기 등 배우로서 기본이 안

된 게 큰 문제였다. 그래서 이제 배우를 꿈꾸는 아이돌은 선배들을 교훈삼아 준비를 철저히 하고 나온다.

하지만 연기를 전업으로 하는 배우가 아니기 때문에 아이돌의 연기는 밋밋하다. 군계일학처럼 눈에 띄는 아이돌은 위에서 말한 끼가 있는 경우다. 연기를 해 보지 않았는데도 배우 같은 느낌을 풍긴다면 그 아이돌에게는 끼가 있는 것이다. 그럼, 배우의 꿈을 꾸는 아이돌은 연기력을 어떻게 쌓아야 할까? 감각을 살려야 한다. 감각은 연기력을 살리는 모세혈관과 같다.

감각을 살리려면 자신을 깨끗이 비우는 연습을 해야 한다. 왜 비워야 할까? 그 이유는 맡은 배역을 위해서다. 연기를 할 때는 자신의 모습이 드러나면 안 된다. 철저히 맡은 배역을 위해 살아야 한다. 다시 태어날 각오로 임해야 한다.

여자 아이돌 A와 소녀 가장

예를 들어 보자. 연기를 할 사람은 19살의 여자 아이돌 A이다. 집에서 사랑을 받고 자란 귀염둥이 막내로, 어려움 없이 살아왔다. 원하는 걸 누리면서 살아서 고집이 세다. 예쁜 걸 좋아하고, 성격도 예민하다. 예민한 성격은 약간의 결벽증으로 이어졌다.

그런데 A가 맡은 배역은 소녀 가장이다. 억척스러운 성격으로, 어떻게든 가족을 살리려고 하는 씩씩한 아이다. 힘든 아르바이트를 하며 억울한 일을 당해도 웃으며 털어버릴 줄 아는 캐릭터이다. 갯벌에서 조개를 잡고, 식당 일을 하면서 음식물 날벼락을 받는 등 고생을 많이 한다. 그런데 우연한 기회로 패션모델의 길에 들어서면서 화려하게 주목을 받게 되는 역할이다.

아마 A를 잘 아는 사람이 본다면 조마조마할 거다. '얘가 과연 잘할까?' 하는 마음으로 볼 것이다. A는 꼭 소녀 가장 역할을 맡고 싶다. 패션모델로 성공하는 모습이 자신을 스타로 만들어 줄 거라는 확신이 생겼기 때문이다. 그런데 A는 정작 소녀 가장의 캐릭터 연구에는 소홀했다. 어떤 결과가 나왔을까?

갯벌에서 일할 때는 인상이 잔뜩 찌푸려져 있고, 음식물이 튈 때는 눈이 치켜 올라가 있다. 당장이라도 싸울 것처럼 말이다. 어려워도 슬퍼도 웃을 줄 아는 소녀 가장은 없고, A만 있을 뿐이다. 캐릭터는 무너지고 드라마의 시청률도 바닥을 긴다. 그러다가 드라마는 조기 종영까지 당한다. A는 한동안 발연기의 대가라는 비난을 받아 배우로 활동을 하지 못했다.

어떤가? 연기에 임하는 자세가 왜 중요한지 조금쯤 알았을 것이다.

예능과 MC 등 다른 분야도 마찬가지다. 하고자 한다면 도전하되, 철저히 준비해야 한다. 잠자고 있는 여러분의 감각을 흔들어 깨워라! 좋아하는 드라마나 영화를 자주 보고, 롤모델을 정해서 따라 해라. 그래도 부족하다고 여긴다면 선생님을 찾아서 배워라. 계속 두드려 보면 자기만의 문이 열릴 것이다.

아이돌 1세대에서 3세대까지

1세대 아이돌

아이돌 문화는 언제부터 시작됐을까? 아이돌의 역사를 모르겠다면 H.O.T*를 생각해 보자. 여러분은 한 번쯤 H.O.T라는 이름을 들어봤을 것이다. H.O.T는 90년대 역대급 아이돌이었다.

드라마 〈응답하라 1997〉에서는 주인공이 좋아하던 아이돌로 나왔고, 〈무한도전〉이라는 예능에서는 90년대 음악을 대표하는 아이돌로 등장했다. H.O.T는 아이돌 전문 연예기획사가 처음으로 세상에 내보인 아이돌이었다. 고등학생 5인조로 강타, 문희준, 장우혁, 토니안, 이재원이 멤버였다.

1996년 이들의 데뷔는 성공적이었다. 데뷔곡인 〈전사의 후예〉

•   H.O.T의 약자는 High-five Of Teenagers, 즉 십대들의 승리라는 뜻이다.

와 통통 튀고 귀여운 이미지의 〈캔디〉로 십대들의 마음을 단숨에 사로잡았다. 풋풋한 십대들이 동작에 맞춰 춤추고 노래하는 모습은 어른들에게도 신선한 충격을 주었다.

언론에서는 H.O.T의 등장을 기준으로 당시 활동한 그룹을 1세대 아이돌*이라 불렀다. 그 시기는 1996년부터 2000년대 초반으로 매력적인 여러 그룹이 활동했다. 젝스키스, 엔알지, 태사자, 신화, 원타임, 지오디, 플라이 투 더 스카이, 베이비복스, S.E.S, 핑클, 쥬얼리, 샤크라, 영턱스클럽, 유피 등의 그룹이다.

모두 개성 넘치는 음악을 했기에 누가 최고라고 꼽기는 힘들다. 이중에서 흥미로운 라이벌 관계는 누구였을까? H.O.T와 젝스키스**다. 젝스키스는 6인조 그룹으로 1997년에 등장해 H.O.T와 대결 구도***를 갖게 됐다.

젝스키스는 〈학원별곡〉, H.O.T는 〈전사의 후예〉로 각각 데뷔했는데, 두 노래 모두 학교를 주제로 다뤘다. 멤버들의 나이도 같은 십대였고, 박력 넘치는 춤과 군무를 선보인다는 점이 여러 모로 비슷했다. 팬클럽끼리의 경쟁은 훗날 드라마 소재로 나올 만큼 늘 화제를 몰고 다녔다.

각 그룹의 팬클럽 이름과 그들을 상징하는 풍선 색깔을 살펴보자.

●   김현진 기자, '1세대 아이돌의 재결합… 음원 시장 추억으로 물들까', 한국경제

●●   젝스키스는 독일어로 6개의 수정(SECHSKIES)이라는 뜻이다.

●●●   김예지 학생기자, 〈연중〉 '한국인이 기억하는 라이벌 순위 공개… 1위는 H.O.T. VS 젝스키스', 국민일보

- H.O.T 팬클럽(클럽 H.O.T): 흰색
- 젝스키스 팬클럽(엘로우 키스): 노란색
- 엔알지 팬클럽(천재일우): 분홍색
- 신화 팬클럽(신화창조): 주황색
- 지오디 팬클럽(팬 지오디): 하늘색
- 클릭비 팬클럽(니지): 초록색
- S.E.S 팬클럽(친구): 펄 보라
- 핑클 팬클럽(핑키): 펄 레드

    이는 색깔 전쟁*으로 비유된다. 먼저 나온 그룹이 색깔을 독차지하므로, 나중에 나오는 그룹은 색깔을 선택할 기회가 없었다. 이 때문에 기획사는 가급적 원색을 피하고 기존에 없던 혼합 색을 선택했다. 그런데 새로 나온 그룹이 이전에 활동하던 아이돌이 썼던 색을 사용하면서 팬들끼리 싸움이 일어났다. 이런 시비가 자꾸 생기자 특정 색깔을 정하지 않았다.

    그렇게 빅 스타급 아이돌이 은퇴하고 1세대 아이돌의 영광이 저물어 갈 때쯤이었다. 음반 시장이 잠잠해진 틈을 타서 동방신기가 전격적으로 등장했다. 2004년 싱글 〈허그〉로 데뷔한 동방신기는 사랑스런 남자친구의 이미지였다. 〈허그〉를 들은 팬들은 노래를 듣자마자 금세 사랑에 빠지고 말았다.

* 남지은 기자, '아이돌 색깔 전쟁', 한겨레

2세대 아이돌

동방신기는 2세대 아이돌의 문을 활짝 열었다. SM 엔터테인먼트는 아시아의 별이 되라는 의미로 동방신기*라는 이름을 지었다. 그도 그럴 것이 동방신기(東方神起)는 동방의 신이 일어난다는 뜻이다. 멤버들의 이름도 색다르다 못해 특이했다. 유노윤호, 최강창민, 시아준수, 영웅재중 등. 흔치 않는 이름은 당시 대중에게 신선한 충격을 주었다.

2세대 아이돌**은 2000년대 중반부터 2010년대 초반으로 보는데, 아이돌의 역사를 다시 쓸 만한 굵직한 아이돌들이 연이어 나타났다. 1세대 아이돌이 아이돌 응원 문화를 일으켰다면, 2세대 아이돌은 팬덤의 영역을 넓혔다. 다양한 연령층의 팬들이 생겼고, 일본과 중국을 넘어서 미국, 유럽 등으로 확장된 시기였다. 소수의 마니아층이었지만, 반응은 무척 폭발적이었다.

연예기획사의 역할도 컸다. 연예기획사는 1세대 아이돌을 키운 경험을 살려서, 그룹의 성격과 멤버 구성을 새롭게 하는 데 공을 들였다. 1세대 아이돌의 콘셉트가 다소 거칠었다면, 2세대 아이돌은 더 매력적이고 부드러웠다.

이와는 다르게 실험적인 한 그룹이 등장했다. 바로 슈퍼주니어

●   편집자, '어느덧 데뷔 15년 차가 된 동방신기', 데일리라이프

●●   이혜인 기자, '빅뱅, 동방신기, 슈주… 2세대 아이돌이 롱런하는 5가지 이유', 경향신문

였다. 그들을 처음에 3개월짜리 프로젝트 그룹˙으로 탄생했는데, 예상과는 다르게 장수 그룹이 되었다. 온전히 슈퍼주니어를 사랑하고 지지하는 팬덤의 힘으로 말이다.

2세대 아이돌 시기는 여러 아이돌이 나왔지만, 잠시 한류의 성장이 주춤해지는 듯 보였다. 그러다가 새로운 콘셉트 그룹인 엑소˙˙가 나타났다.

3세대 아이돌

엑소는 SM 엔터테인먼트가 야심차게 준비한 신인으로, 엑소-K와 엑소-M으로 나뉘어 한국과 중국에서 활동했다.

엑소의 홍보 방식은 새로웠는데, 공식적으로 데뷔하는 행사가 있기 100일 전부터 유튜브를 통해 멤버들의 모습을 다양하게 선보였다. 이런 방법은 해외 팬을 모으는 동시에, 세계 언론의 관심을 얻는 데 효과적이었다.

3세대 아이돌˙˙˙의 시작을 엑소가 열었다면, 그 인기에 기름을 부은 그룹은 방탄소년단과 트와이스이다. 방탄소년단은 전 세계 아미˙˙˙˙의 열렬한 지지를 받으며 각종 기록을 갈아 치우는 중이다.

˙ 　방송연예팀, '이특, '슈퍼주니어 프로젝트 그룹이었다, 깜짝 고백', 엑스포츠뉴스

˙˙ 　2012년에 데뷔한 엑소는 태양계 외행성을 뜻하는 엑소 플래닛에서 아이디어를 얻어 이름을 지었다.

˙˙˙ 　손예지 기자, '9월 가요계, 1세대 젝키·2세대 동방·3세대 엑소·방탄', 텐아시아

˙˙˙˙ 　A.R.M.Y, 방탄소년단의 팬클럽 이름이다.

트와이스 역시 넘버원 여성 그룹답게, JYP 엔터테인먼트를 최고의 연예기획사 자리에 올려놓았다.

3세대 아이돌은 한류의 불을 다시 일으키며, 케이팝을 전 세계로 확장시켰다. 엑소, 방탄소년단, 세븐틴, 갓세븐, 위너, 비투비, 아이콘 등의 남성 그룹과 트와이스, 레드벨벳, 블랙핑크, 여자친구, 잇지 등의 여성 그룹 등의 아이돌 그룹이 있다.

아이돌 문화는 언제부터 시작됐을까?

H.O.T의 등장을 기준으로 당시 활동한 그룹은 1세대 아이돌이다.

그 시기는 1996년부터 2000년대 초반으로 젝스키스, 엔알지, 태사자 등이 활동했다.

아이돌 2세의 문을 연 그룹은 동방신기였다.

1세대 아이돌이 아이돌 응원 문화를 일으켰다면, 2세대 아이돌은 팬덤의 영역을 넓혔다.

엑소는 3세대 아이돌의 시작이다.

현재 그 인기에 기름을 부은 그룹은 방탄소년단과 트와이스이다.

특히 방탄소년단은 전 세계 아미의 열렬한 지지를 받으며

각종 기록을 갈아치우는 중이다.

2장
내가 아이돌이 되기까지

자기 자신
들여다보기

요즘 아이들은 꿈이 없는 세대로 여겨진다. 자신이 하고픈 일보다는 사회가 정해 놓은 기준대로 살아야 하는 처지이기 때문이다. 입시 경쟁에 내몰려 시계추처럼 학교와 학원, 집을 오갈 뿐이다. 늘 책상에 앉아서 공부만 해야 하는 삶은 생각만 해도 지긋지긋하다. 어디서부터 잘못된 건지, 누가 잘못인가를 따지지는 않겠다. 이 책은 아이돌을 주제로 하는 책이니까 말이다.

다행히 이 책을 보는 여러분은 남들과 다르다. 여러분 마음속에는 뚜렷한 꿈이 자리 잡고 있다. 손을 뻗으면 닿을 것처럼 가깝게 느껴지는 꿈이다. 왜 그럴까? 방송에서 멋진 아이돌을 자주 볼 수 있기 때문이다. 친절하게도 오디션을 통해 아이돌이 되는 방법까지 알려 주기도 한다.

노래하고 춤추고, 머리부터 발끝까지 예쁘게 꾸미고, 점점 매력적인 모습으로 변하는 그들을 보면 절로 부러운 마음이 생긴다.

게다가 연습생의 외모는 우리와 별로 다르지 않다. 또래라는 점에서 친구 같은 느낌이 든다. 그래서 '조금만 노력하면 나도 저렇게 될 수 있어.', '저런 애도 하는데, 나라고 못하겠어?'라고 생각하면서 아이돌이 된 자신의 모습을 그려 본다. 친숙함이 꿈으로 이어지는 순간이다.

연기, 춤, 노래라는 삼박자

장래희망을 얘기할 때 연예인과 가수는 항상 순위권에 올라 있다. 교육부와 한국직업능력개발원이 조사한 2018년 초등학생 희망 직업 순위에서 '가수'가 8위를 차지했다. 위에서 말한 친숙함이 순위로 나타난 결과라 할 수 있다. 그럼 가수(아이돌)가 되려면 어떤 조건이 있어야 할까?

노래, 춤, 외모의 이 기본 세 가지가 딱 맞아떨어져야 한다. 이를 흔히 '삼박자'라고 하는데, 뮤지컬계에서도 자주 쓰는 말이다. 뮤지컬계에서 쓰는 '삼박자'는 연기, 춤, 노래이다. '삼박자'라는 말을 꺼낸 이유는 간단하다. 아이돌이 되기 위해 기본적으로 해야 할 일이기 때문이다.

여러분에게 세 가지 질문을 던져 본다.

첫째, 당신은 끼와 재능이 충분합니까?

둘째, 누구보다 뜨거운 마음을 가졌습니까?

셋째, '삼박자'인 연기, 춤, 노래를 뒷받침할 의지가 있습니까?

네 종류의 사람

앞의 질문에 아이돌이 꼭 되고 싶은 나머지, "나는 할 수 있다." 하고 쉽게 대답할 수 있다. 그러나 문제는 연기, 춤, 노래를 어떻게 완성해 내는가이다. 이 질문에 할 수 있다고 대답한 사람은 다음 네 종류 중 하나일 것이다.

① 모험가형: 어느 날 갑자기 변화가 찾아와, 운명처럼 그 길을 가는 사람이다.

② 미운 오리 새끼형: 끼와 재능은 뛰어난데, 자신이 못난이인 줄 아는 사람이다.

③ 완성된 스타형: 자신감은 넘치는데 춤, 노래, 연기 실력이 부족한 사람이다.

④ 양귀비형: 빼어난 외모 덕에 부족한 점을 모르는 사람이다.

네 종류의 사람이 어떻게 보이는가? 여러분은 어디에 속하는가? 혹은 어느 쪽에도 속하지 않을 수도 있다. 이 네 종류의 사람을 소개하는 이유는 여러분에게 다르게 보는 눈을 알려 주고 싶기 때문이다. 부정적인 생각보다는 좋은 쪽으로 생각을 열어 보는 방법 말이다. 더 자세히 살펴보자.

① 모험가형

겁 없는 도전자이다. 자신의 인생을 개척하고 싶은 욕구가 강해서 낯선 길인데도 두려움이 없다. 앞날이 험해도 전혀 상관하

지 않는 사람이다. 무한대의 가능성을 지닌 사람이다. 예) 눈빛이 강한 파이터 도전자

② 미운 오리 새끼형

자신의 가치를 깨닫지 못하는 사람이다. 다이아몬드 원석을 품고 있는데도 손에 든 것이 돌멩이인 줄 아는 경우다. 이런 사람은 자신을 둘러싼 한계를 뚫고 나와야 한다. 마치 병아리가 알을 깨고 나오듯이 말이다. 자신의 원래 모습이 백조인 것을 알게 된다면 훨훨 하늘을 날아오를 것이다. 예) 무대공포증 때문에 벌벌 떨면서 노래 부르는 가수

③ 완성된 스타형

사교성이 뛰어난 사람이다. 사람들 앞에 서는 것이 두려울 것 없는 예능형 인재다. 말재주와 재치가 뛰어나서 진행을 잘한다. 또 어디서나 분위기를 띄우고 사람을 웃기는 재주가 있다. 이런 사람이 아이돌이 되면 멤버들을 화목하게 이끌어 준다. 예) MC, 만능 엔터테이너에 어울리는 아이돌

④ 양귀비형

조상님께 감사해야 할 사람이다. 여기에 독특한 분위기까지 있다면, 그룹 내에서 가장 먼저 주목을 받게 된다. 팀을 알리는 데도 큰 도움을 준다. 그러나 주의해야 한다. 타고난 아름다움은 독이 된다. 거만한 태도로 남을 업신여기거나, 상식 밖의 말과 행동

으로 물의를 일으키기도 한다. 항상 겸손하자. 예) 스캔들로 퇴출당한 가수와 배우들

노력 앞에 장사 없다

어떤가? 낯설고 차갑기만 했던 세계가 조금은 따뜻하게 보이는가? 여러분이 어떤 종류의 사람이든 아이돌이 될 수 있다. 이러이러한 사람만 아이돌을 할 수 있다는 고정관념에서 벗어나자. 아직 아무것도 시작하지 않았으니, 불안해하지 말자. 중요한 건 시작하겠다는 마음이다. 비록 연기, 춤, 노래 실력이 초라해도 상관없다. 노력하기만 하면 된다. 노력 앞에 장사 없다.

노력해도 결과가 안 좋으면 어쩌지? 혹시 오디션에서 떨어지기라도 한다면, 그 창피를 어떻게 감당하지? 이 모든 게 쓸데없는 일은 아닐까? 노노! 절대 아니다. 비록 실패한다 하더라도 그 배움은 여러분에게 어떤 식으로든 삶의 지혜를 줄 것이다. 더 자세한 이야기는 4장 유사 직종 탐색에서 이어가도록 하겠다.

자, 부정적인 생각은 버리자. 이런 생각은 여러분의 영혼을 야금야금 파먹는 벌레와 같다. 벌써부터 안 좋은 생각으로 마음을 졸인다면 아예 시작하지 않는 게 낫다. 생각에도 노력이 필요하다. 긍정적인 생각을 하려는 노력 말이다.

나의 춤, 노래,
연기 능력치

춤, 노래, 연기를 잘하는 방법은 무엇일까? "금 나와라 뚝딱!" 하면서 도깨비 방망이를 휘두를 수 있는 방법은 없다. 하루아침에 원하는 대로 일이 절로 풀리지는 않는다. 여러분은 답을 안다. 이제는 슬슬 질리겠지만 '연습'이란 단어가 떠오를 것이다. 맞다. 좋든 싫든 연습과 친해져야 한다. 그렇다면 연습은 어떻게 해야 할까? 간단하다. 보고, 듣고, 따라 하고, 반복해야 한다.

이 단순한 행동에는 위대한 비밀이 숨어 있다. 보고 듣고 따라 하기를 반복하면, 자신도 모르게 따라 한 이를 닮아간다. 가수가 노래를 부르는 스타일과 발성법, 표정, 몸짓 등 말이다. 이를 '모방'이라고 한다. 모방은 남의 것을 본뜨거나 본받는 행동이다. 주의 깊게 살펴 듣는 '좋은 귀'만 있다면 일단 시작해도 좋다. 귀는 훌륭한 선생님이자, 노래의 특징을 정확히 찾아내며 시간도 절약하게 해 준다. 연기와 춤도 마찬가지다.

롤모델 정하기

롤모델이란, 자기가 해야 할 일에서 본받을 만한 사람을 가리킨다. 쉽게 말해 '저 사람처럼 되고 싶어!' 라는 뜻이다. 이미 마음속에 닮고 싶은 스타가 자리 잡은 사람이 있을 거다. 아직 정하지 못한 사람이 있다면, 자신을 곰곰이 돌아보길 바란다.

여러분은 알아차리지 못했겠지만, 마음속에는 이미 좋아하는 가수가 있을 것이다. 무심코 하는 자신의 행동을 떠올려 보라! 어떤 노래를 종일 따라 하거나, 어느 아이돌의 무대만 보면 몸이 반응해 움직이고 있을 것이다. 또 그리 좋아하지도 않는데, 희한하게 계속 생각나는 경우도 있다. "아직도 롤모델을 못 찾았는데요?" 한다면 그건 좋고 싫음의 문제이다. 당장 여러분이 좋아하는 노래를 부르고 춤을 추는 가수를 찾아보고 공부하기를 바란다.

롤모델은 나침판 같은 존재다. 사방이 어둡고, 어디로 가야 할지 모를 때 나아갈 방향을 알려 준다. 바다 한가운데, 사막 한가운데에 있다고 생각해 보라. 여러분이 이와 같다. 아이돌 지망생으로 어떻게 해야 할지 모르겠다면, 롤모델이 한 그대로 따라 해라. 그대로 춤추고, 노래하고, 연기하고, 표현하다 보면 방법을 알게 될 것이다.

1만 시간의 법칙

어떤 분야의 전문가가 되기 위해서는 최소 1만 시간 정도의 훈련을 해야 한다는 법칙이 있다. 1만 시간의 법칙으로, 심리학자 앤더스 에릭슨이 연구해 발표했다. 작가 글래드웰은 앤더스 에릭슨의 연구 결과를 바탕으로, 『아웃라이어』라는 책을 쓰기도 했다.

앤더스 에릭슨은 최고의 연주자와 보통 아마추어 연주자의 차이는 연주 시간에 있다고 보았다. 연구 결과, 연주가 훌륭한 그룹은 연습 시간이 1만 시간을 훌쩍 넘는다는 걸 알아냈다고 한다.

아이돌의 경우도 마찬가지이다. 아이돌의 연습량은 혀를 내두를 정도로 상당하다. 하루 온종일 연습에 시간을 쏟아붓는다고 보면 된다. 앞으로 소개할 사람들은 춤꾼으로 알려진 아이돌이다. 이들은 타고난 끼와 재주도 있지만, 쉼 없는 노력으로 자신을 갈고 닦았기에 더 눈길이 간다. 바로 1만 시간의 법칙을 실행한 사람들이다.

박재범– 시애틀 출신 '비보이'

박재범(Jay Park). 현재 가수이자 래퍼, 비보이, 프로듀서, AOMG(힙합 음악회사) 대표이다. 박재범은 미국 시애틀에서 자란 교포 3세로 비보이 출신이다. 박재범은 2004년 JYP 시애틀 오디션에 참가해서 합격을 했다.

그 후 투피엠으로 데뷔한 박재범은 아크로바틱과 거친 춤을 선보였다. 비보잉으로 단련된 그의 춤 동작은 대중에게 깊은 인상을 주기에 충분했다. 덕분에 투피엠은 '짐승돌'이라는 별명을 얻는다. 긴 팔과 탄탄한 어깨, 근육질 몸매에서 나오는 춤은 보는 이로 하여금 눈을 떼지 못하게 했다.

박재범은 투피엠에서 탈퇴한 뒤 한동안 미국에서 머물렀다. 친구들과 비보이팀(AOM)으로 활동했는데, '윈터 나이츠'*란 비보이 댄스 경연대회에 나가서 우승을 차지하기도 했다.

샤이니 태민- 혼자서 춤 연습을 하던 '꿈나무'

태민이 속한 샤이니는 '컨템퍼러리 밴드'**다. 현재에 맞는 유행(트렌드)을 이끄는 그룹이라는 뜻이다. 이에 따라 샤이니는 매 앨범마다 새로운 음악, 패션, 춤, 퍼포먼스를 선사했다. 팬들에게는 굉장한 선물이었으나, 샤이니는 피나는 노력을 해야 했다.

태민 또한 뼈를 깎는 노력으로 이 자리까지 왔다. 태민은 데뷔 때만 해도 풋풋한 미소년이었다. 그러나 지금은 종현의 빈자리까지 채우고도 남는 든든한 남자로 성장했다. 태민은 아이돌 중에서 손꼽히는 춤꾼이다. 춤 선이 예쁘고, 몸이 빠르고 가볍다. 알려진 바에 따르면 그는 초등학교 3학년 때부터 춤추는 걸 좋아했다고 한다. *** 혼자서 춤을 연습하던 초등학교 6학년 꿈나무는 어느 날, SM 오디션 심사위원 앞에서 팝핀****을 선보였다.

* 양지원 기자, '2PM 전 멤버 재범, 美 비보이대회 1위 동영상 화제', 일간스포츠

** 컨템퍼러리(동시대의, 현대의)+밴드(보이 밴드, 그룹)

*** 홍재현 기자, '5인조 틴에이저그룹, 샤이니, 실력&풋풋함… 누나들이 예뻐해요', 동아일보

**** 힙합·브레이크 댄스와 같은 스트리트 댄스다. 흔히 관절을 꺾는 춤이라고 알려져 있는데, 이는 잘못된 상식이다. 근육이 팽팽해지며 느슨해지는 원리를 이용한 춤이다.

엑소 카이- 발레리노를 꿈꾼 '춤꾼'

2018년 평창 동계 올림픽 폐막식 때였다. 카이는 전통 의상을 입고, 꽹과리 장단에 맞춰서 날아갈 듯 춤을 추었다. 마치 한 마리의 학 같았다. 마지막에 멤버들과 〈파워〉라는 노래를 부를 때도 가운데에 서서 발레 동작을 선보였다. 전 세계인의 눈이 집중되었는데도 떨지 않고 당당하게 재능을 펼친 카이와 엑소가 자랑스러운 순간이었다.

엑소의 춤꾼 카이는 8살 때부터 발레를 배웠다고 한다. 발레*로 중학교에 진학하려고 했는데, 어느 날 아버지가 뜻밖의 말을 건넸다. SM 오디션을 보러 가라는 것이었다. 카이는 오디션과 중학교 면접날이 겹쳐서 갈 생각이 없었다. 그런데 선물을 사 주겠다는 아버지의 말에 오디션을 보러 갔다. 결과는 합격이었다! 아버지의 제안이 아니었다면, 우리는 카이를 영영 보지 못할 뻔했다.

방탄소년단 '3J'**(제이홉, 지민, 정국)

이제 방탄소년단의 댄스 라인으로 불리는 3J에 대해 알아보자. 먼저 제이홉이다. 제이홉은 광주의 유명한 댄스 학원***을 나왔다. 동방신기의 유노윤호, 투애니원의 공민지와 같은 댄스 학원 출신

---

* 이지석 기자, '엑소 카이, 12년 전 발레 대신 SM 선택, 12년 후 최고 불리고파', 스포츠서울
** 제이홉, 지민, 정국의 이름에 모두 J자가 들어가서 붙여진 별명이다.
*** 손예지 기자, '제이홉, 방탄소년단의 날개', 텐아시아

으로 알려졌다. 제이홉은 스트리트 댄서로 활동하면서, 댄스 경연 대회에 참가해 우승을 숱하게 했다고 전해진다.

지민은 중학교 2학년 때부터 팝핀*을 시작했으며, 비의 무대를 보고 가수의 꿈을 갖게 되었다고 한다. 이후 부산예술고등학교 무용과에 진학하는데, 부산예술고등학교 전체 수석**으로 입학해 화제가 됐다.

정국은 중학교 1학년 때 동아리에서 비보잉***을 배웠다. 이후 〈슈퍼스타K 3〉 오디션에 참가해 예선에서 탈락한다. 그런데 7개 회사에서 명함****을 받는 기적이 벌어진다. 정국은 빅히트를 선택하고 연습생 생활을 시작했다.

동아리에서 학원까지

아이돌은 대부분 비슷한 경로를 경험한다. 혼자서 연습하다가 어느 순간이 되면 동아리, 비보이, 댄스 학원을 찾아간다. 제이홉처럼 스트리트 댄서로 경험을 쌓는 경우도 있다. 이들은 좋아하는 가수의 동영상이나 콘서트 영상을 챙겨 보기도 하는데, 특히 가수 비, 보아, 마이클 잭슨의 영상을 많이 본다고 한다.

---

* 황효진 기자, '방탄소년단 | ④ 지민, 정국's story', 매거진 IZE
** 선미경 기자, '〈주간아이돌〉 방탄소년단 지민, 부산예고 수석입학⋯ 현대무용 전공', 조선일보
*** 황효진 기자, '방탄소년단 | ④ 지민, 정국's story', 매거진 IZE
**** 이다래 기자, '슈스케 나갔다가 유명 소속사 7곳에서 명함 받은 아이돌', 인사이트

보컬의 경우도 다르지 않다. 인피니트의 성규는 전주사대부고 내 밴드 '비트'의 보컬로 가수의 꿈을 키웠다. 하이라이트의 요섭도 상계고등학교 내 밴드 '싸이퍼●'의 보컬로 활동했다. 엑소의 백현도 중원고등학교 내 밴드 '혼수상태'의 보컬이었다.

앞에서 보고, 듣고, 따라 하기, 반복하기를 얘기했다. 그러나 주의할 점이 있다. 노래와 춤을 연습하면서 잘못된 습관이 몸에 베는 일이다. 열심히 노력하되 자신의 실력을 점검해 줄 선생님을 만나는 일도 중요하다. 그리고 학원을 고를 때는 유명세를 보지 말고, 자신에게 맞는 곳인지 알아보고 가야 한다.

학원에 가서도 가르쳐 주는 대로 끌려가지 말고, 스스로의 감각과 끼를 찾는 노력이 필요하다.

●　신나라 기자, '명단공개- 이진성-이승기-양요섭, 상계고 밴드부 계보', YTN

도달 경로
① 기획사 오디션

연습생이 되려면 기획사 오디션에 참가해야 한다. 오디션이란 가수·배우·모델 등을 뽑기 위한 실기 시험이다. 오디션 참가자는 자신이 갈고 닦은 능력을 선보이고, 기획사 관계자는 오디션에 참가하는 이들의 기술적인 능력과 재능을 본다.

오디션 참가자는 해당 분야를 완벽히 준비한 상태에서 오디션을 봐야 한다. 예를 들어, 평소에도 누가 시키면 자동으로 몸이 반응할 정도가 돼야 한다. 메인 보컬을 준비한다면 노래와 춤이, 래퍼가 되고 싶다면 프리스타일 랩이 술술 나와야 한다.

만약 자신의 실력이 충분하다고 여긴다면 오디션을 보자! 빅3 연예기획사와 빅히트의 공개 오디션을 소개한다. 그 밖에 비공개 온라인 오디션도 있으니 참조하길 바란다. 다음 자료는 기획사 홈페이지와 SNS에서 발췌(2019년 기준)한 것이다. 내용이나 기준이 바뀔 수 있으니 사이트에 직접 들어가서 확인해야 한다.

SM 엔터테인먼트- 토요 공개 오디션

[오디션 지원 대상]

나이, 성별, 국적에 상관없이 누구나 지원이 가능하다.

[모집 분야 및 준비 사항]

- 가수(보컬, 랩): 무반주로 악기와 마이크 없이 기존 곡 또는 창
  작곡 모두 가능하다.
- 댄스: 즉흥 댄스(지정곡)를 준비해야 한다.
- 연기: 즉흥 연기, 기존 작품 및 창작 작품을 준비해야 한다. 대
  본 제공은 없다.
- 작사, 작곡: 작사 서류, 작곡 데모 파일을 제출한다.
- 모집 분야 중 한 분야에만 지원할 수 있다.

[날짜]

매주 토요일 오후 12시, 11시 30분부터 현장 접수

[장소]

SM 엔터테인먼트 셀러브리티센터 1층(서울 강남구 압구정로 423
1층)

※ 공지사항

〈토요 공개 오디션 임시 중단 안내〉

당사의 사정으로 인하여 5월 18일, 5월 25일 그리고 6월 1일은
토요 공개 오디션이 진행되지 않습니다. 오디션 참가자 분들은
착오 없으시길 바랍니다.

JYP 엔터테인먼트– 센터 공개 오디션

[오디션 지원 대상]

- 1995년 이후 출생자(한국 나이 12세부터 25세까지)
- 성별, 학력, 국적 제한 없음.

[모집 분야 및 준비 사항]

- 보컬, 랩, 댄스, 연기, 모델 중 한 분야만 지원 가능하다.
- 댄스 분야 지원자는 반드시 휴대폰(CD 불가)을 가져와야 한다.

[날짜]

- 매월 첫째, 셋째 일요일 오후 1시
- 오디션 접수 시간은 오후 12시 30분~4시(4시 이후 입장 절대 불가)

[시간]

오후 1시(4시 이후 입장 절대 불가)

[장소]

JYP Center(서울시 강동구 강동대로 205)

[기타]

- 신분증 미지참시 오디션 참여에 제한이 있다. (중고등학생의 경우 학생증 지참)
- 참여 방법: 현장접수

YG 엔터테인먼트– 전국 투어 오디션

2019년 YG 전국 투어 오디션을 시작합니다. 매월 새로운 지역으로 여러분을 찾아갑니다. 아티스트의 꿈이 있는 남녀노소 모두를 기다립니다.

[투어 일정]

2월 경기도 / 3월 대구 / 4월 강원도(산불피해로 취소됨) / 5월 천안 / 6월 전주 / 7월 광주 / 8월 인천 / 9월 대전 / 10월 부산 / 11월 제주도 / 12월 서울

[모집 분야 및 준비 사항]

접수 부문: 노래, 랩, 댄스, 외모, 동아리 중 한 가지를 선택한다.

① 노래, 랩 부문 지원: 노래, 랩 1곡(1분 30초 이하, 무반주)

② 댄스 부문 지원: 1분 내외의 댄스곡 1곡(음원 준비 필수)

③ 외모 부문 지원: 30초 이내 자기소개

④ 동아리 부문 지원: 3명 이상의 랩, 댄스 동아리만 가능(보컬, 밴드 제외, 음원 준비 필수, 악기 불가)

[지원 방법 및 준비 사항]

공지된 접수 시간 내에 당일 현장 접수(접수 시간 및 상세 장소는 오디션 공식 SNS을 통해 공지한다.)

- 사진과 생년월일이 포함된 신분증(주민등록증, 여권, 학생증 등)

- 댄스 및 동아리 부문 지원자의 경우, 휴대폰 내 음원 필수, USB나 CD 불가

- 만 14세 미만의 지원자의 경우, 해당 서류 필수 지참

① 법정 대리인 동의서(본인 및 법정 대리인 자필 기입 및 서명 필수)

② 가족관계 증명서(법정 대리인과의 관계 증명서, 주민등록등본, 초본, 의료보험증 사본 등)

빅히트 엔터테인먼트– 계절별 오디션

[오디션 지원 대상]

1999년 이후 출생 남자

[지원 방법]

현장 접수: 오디션 당일 PM 12시~PM 13시 30분까지(현지 시각 기준)

[지원 분야] *한 분야 지원만 가능하다.

- 보컬/랩: 무반주(1절 분량)

- 댄스: 휴대폰 음원 준비(1절 분량)

- 연기: 자유연기, 지정 대본 없음(1분 이내)

- 모델: 워킹 or 포즈 등(1분 이내)

[오디션 일정]

지역	일정			
	1회	2회	3회	4회
서울	4/28	6/30	9/29	12/29
	서울시 강남구 테헤란로 108길 42(MDM타워 1F) 8			

[합격 통보]

합격자에 한하여 오디션 접수 시 기재한 연락망으로 3주 내에 개별 통보한다.

오디션에 합격한 뒤

오디션에서 합격했다면 그다음은 어떻게 될까? 그리고 무엇을 해야 할까? 정확한 정보를 원한다면 법제처 「생활법령」*을 살펴보자.

질문) 대형 기획사의 아이돌 가수가 되고 싶습니다. 어떤 절차를 거쳐야 할까요?

답변) 가수지망생은 가수가 되기 위해서 일반적으로 엔터테인먼트 관련 교육기관에서 교육을 받으며, 실력을 연마한 후, 연예기획사의 오디션이나 캐스팅을 통해 연예기획사와 연습생 계약을 맺고 가수가 되기 위한 교육·훈련을 받습니다. 일정기간 동안 연예기획사의 교육·훈련을 받은 가수지망생은 음반(음원) 제작 전에 연예기획사와 전속계약을 체결하게 됩니다.

연예기획사의 오디션·캐스팅

1. 오디션과 캐스팅은 연예인 지망생의 입문 단계이다.

2. 연예기획사(음반기획사, 매니지먼트회사, 엔터테인먼트회사)는 자체적으로 정기적인 신인 발굴 오디션을 실시한다.

3. '길거리 캐스팅'이라 불리는 연예기획사의 개별적 캐스팅 역시 활발한 편인데, 특히 젊은이들이 많이 모이는 축제나 대형 행사에서 새로운 얼굴을 찾는 방식은 아직도 빈번하게 사용되고 있다.

●   한국콘텐츠진흥원 사이트 참고

연습생 계약 및 훈련

1. 오디션, 캐스팅을 통해 연예기획사 소속 연습생으로 발탁된 가수지망생은 연예기획사와 연습생 계약을 맺고 외국어, 연기, 보컬, 댄스 등의 교육·육성 프로그램을 지원받으며, 가수 데뷔를 위한 기회를 기다린다.

2. 가수지망생 중에는 연습생 계약 없이 바로 전속계약을 체결하고 가수로 데뷔하는 경우도 있다.

전속 계약 체결, 음반 제작

1. 일정기간 동안 연예기획사의 교육·훈련을 받은 가수지망생은 음반 제작 전에 연예기획사와 전속계약을 체결하게 된다.

2. 전속계약은 계약기간이 비교적 장기간이고, 전속기간 동안 전속계약을 위반하는 경우 많은 액수의 손해배상을 해야 하는 경우가 생길 수 있으므로 전속계약을 체결할 때 전속계약서 내용을 매우 주의 깊게 읽어야 한다.

도달 경로
② 방송국 오디션

앞에서 기획사 오디션 공지 내용을 살펴보았다. 이번에는 방송을 통해서 이뤄지는 오디션에 대해 알아보자. 한때 전 세계적으로 엄청난 오디션 열풍이 불었다. 평범한 사람들이 무대에서 감동의 노래를 선사하는 장면이 몹시 인상적이었다. 이런 오디션 프로그램의 인기는 반전 매력이 컸다.

참가자의 얼굴이 못생겼거나 뚱뚱하면 심사위원의 표정과 질문이 심드렁해진다. 외모로 사람을 판단하는 현실에 씁쓸해지는 찰나, 참가자가 노래를 부르기 시작한다. 그러면 분위기는 완전히 바뀐다. 감동이 물밀 듯이 밀려오는 순간이 된다. 휴대 전화 세일즈맨이었던 폴 포츠가 오페라를 불러 사람들의 눈가를 촉촉하게 했고, 교회 성가대로 활동하던 수잔 보일도 가슴을 울리는 뜨거운 노래로 주목을 받았다.

그 열기를 이어받아 여러 나라에서 오디션 프로그램을 제작했다. 우리나라에서도 〈위대한 탄생〉, 〈K팝스타〉 등의 방송이 인기가 있었다. 지금은 전 국민을 들썩이게 했던 오디션의 열기가 사그라들었다. 그렇다고 오디션 프로그램을 제작하려는 시도가 멈춘 건 아니다. 오디션에 덧붙일 참신한 소재를 찾으며, 숨 고르기를 하는 중이다.

새로운 오디션 프로그램

새로운 소재를 찾던 관계자의 눈에 들어온 사람이 있었다. 그 대상은 '기획사 연습생'이었다. 처음 이들을 방송에 내보낼 생각을 한 기획자는 다이아몬드 광산을 발견한 기분이 아니었을까?

한때 모든 오디션 프로그램에 일반인들이 출연하는 것은 당연한 분위기였다. 방송의 기획 의도가 일반인들의 성공담을 그리는 게 목적이었으니까 말이다. 그런데 기획사 연습생을 오디션 프로그램에 출연시키는 일은 아예 새로운 시도였다.

사실 기획사 연습생은 알면 알수록 매력적인 사람이다. 우선 그들은 춤과 노래를 체계적으로 훈련받은 인재이다. 365일 매일 훈련에 집중하는 삶을 살기에 일반인은 흉내도 내지 못하는 기술, 능력, 이야기가 있다. 프로그램 기획자는 여러 기획사를 설득해 연습생들을 주인공으로 하는 새로운 프로그램을 준비하게 된다. 그렇게 해서 연습생을 대상으로 한 오디션 프로그램이 탄생하게 되었다.

연습생끼리 경쟁하다

기획사 연습생과 오디션 프로그램의 조화는 시청자를 열렬히 흔들었다. 일반인을 대상으로 하던 오디션 프로그램과는 색다른 재미를 주었고, 무엇보다 연습생을 좋아하는 팬층이 생겼다는 게 특색이었다. 가장 인기 있던 프로그램은 〈프로듀스 101〉이었다. 프로그램을 소개하는 문구는 다음과 같았다.

"당신의 소녀에게 투표하세요! 국민 걸그룹 육성 프로젝트 프로듀스 101."

〈프로듀스 101〉은 여자 연습생 101명이 데뷔조에 들어가기 위해 치열한 생존 경쟁을 벌이는 오디션이다. 데뷔조인 11명 안에 들어가면, 꿈에 그리던 데뷔를 하게 된다. 그러므로 연습생은 긴장의 끈을 놓지 못한다. 항상 주어진 일을 완벽하게 마쳐야 하는 압박감에 시달린다. 시청자들은 텔레비전을 통해 연습생의 행동을 지켜본다. 춤과 노래, 퍼포먼스, 성격, 태도, 표정 등 어느 것 하나 그냥 지나치지 않는다.

시청자라고 해서 편하게 보는 건 아니다. 그들은 꿈을 향해 달려가는 소녀들의 마음을 확인하면서 열렬한 팬이 된다. 〈프로듀스 101〉은 투표로 순위가 정해지는 방식이므로 시청자 역시 마음을 졸이며 투표를 한다. 심지어 인터넷상에서 자신이 좋아하는 연습생을 위해 투표해 달라고 부탁까지 할 정도였다.

〈프로듀스 101〉은 입소문을 타면서 보는 이들도 많아지고, 화제성도 높아졌다. 더불어 주제가와 경연곡도 같이 인기를 얻었다. 이후 시즌 2에 나온 남성 연습생들도 넘치는 사랑을 받았다.

뜨거운 인기와는 별개로 비판의 목소리도 있었다. 연습생끼리 경쟁하는 모습이 마치 사회 현실을 그대로 옮겨 놓은 것 같다는 평가였다. 외모 지상주의, 인기 제일주의 등을 경계하는 목소리도 높았다.

오디션 프로그램의 특성

지금까지 방송들을 살펴보면, 오디션을 여는 주최가 누구냐에 따라 그 형식과 내용이 달라진다. 〈슈퍼스타K〉처럼 방송사와 기획사의 협력하에 만들어지는 경우, 수상자는 심사위원의 선택에 의해 해당 기획사(SM, JYP, YG 등)로 가게 된다.

〈프로듀스 101〉의 방송사는 엠넷(Mnet)이었다. 방송 출연자는 각각 다양한 기획사에서 나온 연습생들이다. 경쟁에서 이긴 데뷔조 11명은 소통의 어려움을 해결하기 위해 별도의 기획사 하나를 만들어 서로 협력하기 시작했다.

기획사 자체 오디션 프로그램도 있다. 기획사 주도로 만드는 방송의 특징은 소속 연습생들을 경쟁시킨다는 점이다. 예를 들어, 위너와 아이콘이 나온 YG의 '후 이즈 넥스트', 트와이스가 나온 JYP의 '식스틴' 등이다. 기획사에서는 기존의 텔레비전 방송이 아닌, 인터넷 실시간 방송으로 오디션 프로그램을 방영하기도 했다. YG에서는 V-LIVE와 네이버 텔레비전으로 〈YG보석함〉을 선보이며 연습생들을 경쟁시켰다.

오디션 프로그램의 제작은 당분간 계속될 것으로 보인다. 기획사 입장에서는 쉼 없이 화제성을 끌고 나가기 쉬우며, 연습생은 일찍부터 노출돼 팬층을 쌓아가는 장점이 있다. 이런 경쟁 구도가 일부 연습생의 데뷔에 도움을 준다는 점은 인정할 만하다. 그러나 선택받지 못한 연습생의 경우, 들러리로 취급돼 자존심에 적지 않은 상처를 입게 된다는 점도 무시하지 못할 부분이다.

떨어져도 괜찮아!

오디션 열기가 가라앉으니 보이지 않던 것이 보인다. 우승자와 데뷔조를 뽑을 때의 간절한 긴장감에서 벗어나서일까? 여러분도 한 번 찾아보길 바란다. 오디션 프로그램에서 이름을 떨쳤던 참여자들이 어떻게 지내는지 말이다.

찾아보면 오디션 프로그램이 흥했을 때처럼 왕성한 활동을 하는 경우는 그리 많지 않다. 가수, 작사·작곡가로 활동하거나, 리포터나 배우 등 다른 직종에서 활동하는 경우도 있다. 아니면 아예 연예인 활동을 하지 않는 경우도 있다.

방송에는 유행이 있다. 이를 트렌드라고도 한다. 예를 들어, 방송에 독특한 소재를 더해 프로그램의 내용을 풍부하게 하는 것으로, 음식, 먹방, 여행, 외국인의 한국 초청 등이 이에 해당한다. 오디션도 마찬가지다. 돌아보면, 오디션 프로그램도 한때의 유행을 탔다. 참여자들은 아이돌이 되기 위한, 가수나 연예인이 되기 위한 유일한 방법으로 생각해 죽기 살기로 오디션 프로그램에 매달렸다.

그러나 앞에서 보았듯이, 참여자들은 다양한 활동을 한다. 오디션에서 떨어졌다고 슬퍼할 필요도, 우승을 했다고 자만할 필요도 없다. 무엇이든 간절하다면 방법은 정말 다양하다. 조금 돌아서 가는 길이라 할지라도 말이다. 오디션에서 떨어졌던 경험이 있는 가수와 배우의 예를 살펴보자.

*가수

- 초아* (에이오에이(AOA)의 전 멤버): SM 오디션에서 15번 떨어지고, JYP 연습생을 거쳐서 FNC에서 데뷔했다.
- 윤하**: 일본에서 활동하며 '제2의 보아', '피아노 록의 개척자'란 평가를 받았지만, 그에게도 어려움은 있었다. 한국에서 본 오디션에서만 20번 이상 떨어졌다.
- 박진영(JYP)***: 박진영도 방송에서 탈락한 경험을 털어놓았다. SM을 포함한 모든 연예기획사에서 외모 때문에 떨어졌다는 사실이었다.

* 배우

- 박소담**** (영화〈베테랑〉, 〈검은 사제들〉): "한 달에 오디션만 19번을 봤다. 떨어진 오디션이 더 많다."고 고백했다.

● 　도민선 기자, 〈라디오스타〉 초아-SM 오디션 15번 떨어져', 중앙일보, 2015년
●● 　이은정 기자, '윤하-외모 탓에 오디션 떨어지기도 했죠', 한겨레, 2006년
●●● 　온라인 이슈팀, 〈인생술집〉 박진영-과거 SM 오디션, 외모 때문에 떨어져'… 네티즌 '웃프다', 아시아 경제
●●●● 전효진 기자, '박소담-한 달에 오디션만 19번… 필살기는 진정성', 스포츠 동아

- 배두나* (영화 〈클라우드 아틀라스〉, 〈센스8〉): "오디션 떨어지는
건 다반사. 매일 떨어진다."라고 말했다.

오디션은 누군가에게 기회가 되지만, 누군가는 반드시 떨어진
다. 이건 불변의 진리다. 오디션에서 떨어졌다고 해서 실패한 인
생을 사는 건 아니다. 지혜로운 사람은 실력을 갈고 닦으며 자기
만의 인생을 만들어 가지만, 어리석은 사람은 떨어진 충격에 빠져
아무것도 못할 것이다. 앞으로 오디션을 보게 될 여러분도 이 사
실을 기억해 주기를 바란다.

---

* 　유지혜 기자, '아직도 오디션이 일상' … 〈라디오스타〉 배두나, '美진출 성공 있기까지',
HUFFPOST

아이돌의 비하인드 스토리

아이돌에 관심이 있다면 이들이 어떻게 가수가 됐는지 알아볼 필요가 있다. 실제로 아이돌이 경험한 길거리 캐스팅이나 오디션 이야기를 보면서, 주의사항과 알아야 할 상식을 챙겨 보자.

길거리 캐스팅

SM

① 세훈*(엑소): 13살 때 분식집에서 떡볶이를 먹다 캐스팅 제의를 받았다. 하지만 당시 캐스팅 매니저를 사기꾼으로 오해했다. 약 30분간 추격전을 벌인 뒤에야, 명함을 받았다.

② 민호(샤이니): 스키장에 놀러 갔다가 SM 관계자 눈에 띄었

---

* 이나래 기자, '대세 아이돌의 독특한 캐스팅 비화 5', 더 팩트

다. 캐스팅 제안을 여러 번 거절했다. 그런데 SM 관계자를 학교 근처에서 다시 만났다. 결국 끊임없는 제안으로 민호는 연습생이 되었다.

누군가 명함을 주며 아이돌을 제안한다고 생각해 보자. 기분이 좋은 것은 둘째치고, 의심부터 들 것이다. 그도 그럴 것이 기획사 매니저라고 하면서 사기를 치는 일이 자주 있기 때문이다.

〈가짜 매니저 구별 방법*〉을 읽어 보고 진짜와 가짜를 구분해 보자. 다음은 '가짜'이다.

① 캐스팅을 위한 성형 수술, 교육 등과 관련한 사례비나 섭외비 명목으로 돈을 요구하는 경우

② 한밤중에 방송 출연이 있다거나, 연예기획사와 계약한다며 부모를 동반하지 말고 혼자 나오라고 하는 경우

③ 유명 작가, 연예인, 감독, PD를 거명하며 함께 일한다고 과장되게 말하고, 알지 못하는 사람을 데리고 나와 제작자라고 소개하는 경우

④ 방송사나 제작사 이외의 장소에서 방송 출연을 위한 오디션을 본다고 나오라는 경우

* 법제처, 찾기 쉬운 생활 법령 정보

JYP

① 쯔위(대만): 댄스 학원에서 춤을 추다가 JYP 직원에게 캐스팅되었다.

② 사나(일본): 중학교 3학년 때 친구와 쇼핑을 하다가 캐스팅 제의를 받았다.

③ 미나(일본): 원래 발레리나를 꿈꿨는데, 쇼핑하던 중에 캐스팅 제의를 받았다.

④ 모모(일본): 친언니와 춤추는 영상을 유튜브에 올렸다. 그걸 본 담당자가 캐스팅했다.

트와이스의 외국인 멤버들은 준비된 상태에서 선택을 받았다. 이들의 공통점은 춤에 대한 재능이 뛰어났다는 것. 그러므로 아이돌이 되고 싶다면 자신만의 특기가 있어야 한다. 남들이 하지 않는 독창적인 것이라면 더 좋다.

예를 들어, 춤이라면 왈츠, 밸리 댄스, 라틴 댄스, 스윙 댄스, 스트리트 댄스 등을 배우자. 연기라면 표정, 태도, 무대 위에서 펼칠 몸짓과 손짓(제스처) 등을 연습하자. 음악을 만드는 데 관심이 있다면 작사·작곡·프로듀싱 실력을 쌓아야 한다. 그 매력을 보고 기획사가 찾아오지 않고는 못 배기게끔 말이다.

SNS나 동영상 사이트로 홍보하는 방식도 좋다. 잘만 활용한다면 개인 방송인에서 연예인으로 전업도 가능하다. '금손 뷰튜버'란 별명을 지닌 메이크업 유튜버 이사배가 대표적이다. 방송에서 활동하는 엔터테이너에서 이제는 어엿한 가수가 됐다.

오디션

오디션에 붙으려면 재능과 노력, 간절함이 있어야 한다. 그러나 이런 실력 외에도 운이 따라야 한다. 운이라고 해서 갑자기 하늘에서 뚝 떨어지는 건 아니다. 그 운을 잡기 위해 부지런히 기회를 엿보는 사람에게 하늘의 복이 찾아오기 마련이다.

빅히트: 방탄소년단(BTS)*

① 알엠(김남준): 뛰어난 능력으로 특별 채용이 되었다. 랩퍼 슬리피는 힙합 오디션 장에서 활약하는 알엠을 보고 전화번호를 저장했다. 그 후 슬리피는 빅히트 프로듀서 피독에게 알엠을 소개했다. 방시혁 대표는 알엠의 실력을 보고 '랩 몬스터'라고 불렀다.

② 슈가(민윤기): 초등학교 5학년 때 음악을 접하고, 6학년 때부터 가사를 쓰기 시작했다. 슈가는 방탄소년단을 모집하는 공개 오디션 〈힛 잇〉에서 준우승을 했다.

③ 지민(박지민): 부산예술고등학교 무용과 전체 수석이다. 무용에 재능이 있었으며, 고등학교 2학년 때 빅히트 부산 공개 오디션에 합격했다.

④ 제이홉(정호석): 광주에서 스트리트 댄서로 유명했다. 2010년 빅히트 오디션에서 우승했다.

⑤ 뷔(김태형): 친구를 따라 빅히트 오디션을 보았고, 합격했다.

---

* 이정연 기자, '세계가 반한 BTS, 그들을 소개합니다', 동아일보

⑥ 정국(전정국)은 명함을 받고 빅히트를 택했고, 진(김석진)은 길거리 캐스팅되었다.

오디션 기본 팁*

① 연습은 기본이다. 연습을 한 사람과 그렇지 않은 사람은 바로 티가 난다.

② 다른 가수의 노래를 흉내 내면 안 된다. 반드시 자신의 목소리를 들려 줘야 한다.

③ 노래를 부를 때, 버릇이 없어야 한다. 자신만의 습관이 있는지 없는지 확인해야 한다.

④ 발음을 정확히 해야 한다. 평소에도 단어를 정확히 발음하는 습관이 필요하다.

⑤ 필요 없는 애드리브는 하지 말아야 한다.

⑥ 학생은 옷과 머리를 단정히 하고 가는 것이 좋다.

배우들의 오디션 경험담

① 영화 〈올드보이〉에 출연한 강혜정**: 요리사인 미도 역을 위해 횟집에서 회칼을 빌렸다.

● 　이정혁 기자, 'SM 엔터테인먼트 오디션 현장 가보니…', 스포츠 조선
　　전영선 기자, '방시혁, 나쁜 버릇 4종 세트 공개, '오디션 참가자 주의 요망', 매일경제
●● 　진향희 기자, '강혜정 〈올드보이〉, 횟집에서 회칼 빌려 가 오디션', 매일경제

② 영화 〈검은 사제들〉에 출연한 박소담*: 연극 〈렛미인〉의 오디션을 위해 바닥을 혀로 핥았다. 맡은 역은 뱀파이어로 피에 굶주려 있다가 피를 발견하고 먹으러 가는 상황이었다.

③ 영화 〈어벤져스〉의 헐크로 유명한 마크 러팔로**: 그는 평범한 인상이라는 이유로 오디션에서 800번이나 떨어졌다. 10년 넘게 바텐더, 페인트공, 요리사 등의 직업으로 지내다가 마침내 연극에서 배역을 맡게 된다. 연극계에서 길거리 폐인 역으로 주목받다가, 갑자기 뇌종양 판결을 받는다. 수술을 하지만 그 결과 왼쪽 청각을 잃고 안면마비 후유증을 겪는다. 그럼에도 불구하고 그는 재기에 성공했다.

- 장민서 기자, '박소담, 뱀파이어 연기 비화-필사적이기 위해 바닥 혀 핥다', 아시아투데이
- 최영경 기자, '당신도 할 수 있다! 오디션에 800번 떨어졌던 헐크가 그랬듯이', 국민일보

3장
그 직업으로
살아간다는 것

가수이자
만능 엔터테이너

아이돌은 자신의 모습 중 최고의 모습을 보여 주고 싶어 한다. 컴백(다시 무대에 돌아와 활동하는 것) 전이라면, 새 앨범을 위한 모든 준비를 한다. 하루 종일 안무와 노래 연습에 시간을 쏟고, 작사·작곡·프로듀싱이 가능한 아이돌은 좋은 곡을 만들려고 애쓴다. 그 과정에서 멤버들끼리, 회사 관계자들과 끊임없이 회의를 하며 작업에 임한다. 그룹의 콘셉트에 맞는 곡이 나오면 그에 따른 스타일, 의상, 뮤직비디오도 만든다.

그런 다음 컴백을 하면 음악 방송에 연달아 출연하고, 홍보 활동을 위해 부지런히 움직인다. 인기가 있는 아이돌이라면 각종 신문과 잡지 인터뷰, 광고 촬영이 기다리고 있다. 그 와중에도 콘서트와 해외 투어를 열심히 준비한다. 전국을 다니며 대학교와 여러 단체의 축제 무대에 선다. 그리고 방송사에서 진행하는 야외무대와 해외무대, 연말 시상식에도 참여해야 한다.

아이돌, 이건 안 돼!

아이돌에게 사생활, 즉 여유로운 시간은 그림의 떡이다. 보통 사람처럼 놀거나 시간을 때우는 일 따위는 상상하기 힘들다. 자신의 사생활을 희생하면서 아이돌을 계속하는 이유는 뭘까? 그건 꿈이기 때문이다. 수년 동안 연습생을 하면서 간절히 바라던 일이기에 절대로 포기할 수 없다. 그리고 한 가지 이유를 더하자면, 5~7년의 계약 기간이 걸려 있다. 그런 이유로 아이돌은 바쁜 스케줄에서 벗어날 수 없다.

시작부터 힘든 일임을 각오했기에 아이돌은 항상 뼈를 깎는 노력을 한다. 좋든 싫든 아이돌 되는 길에 나섰다면 앞으로 가야 한다. 하지만 그 길에는 온갖 어려움이 따르며, 지켜야 할 일도 너무 많다. 기획사 '행동규범'*도 그중에 하나이다.

① 페이스북 등 소셜 미디어 전면 금지

② 휴대폰 사용 규제

③ 연애 금지

④ 외모 규제

⑤ 야식 전면 금지

⑥ 체중 관리

⑦ 외부 활동 규제

---

* 이슬비 기자, 성유진 기자, 윤수정 기자, '하루 17시간 춤·노래 연습… 마음의 병 돌볼 시간도 없다', 조선일보

물론 예외는 있다. 빅히트는 조금 다르다. 여기에 소속된 방탄소년단은 SNS에 비교적 자유롭게 글을 올린다.

작곡돌

작곡돌은 작가형 아이돌을 뜻한다. 작곡돌은 작사, 작곡, 프로듀싱 능력이 뛰어나다. 이들을 알려면 기본 상식이 있어야 한다. 간단히 설명해 보겠다.

첫 번째, 작사다. 작사는 노랫말을 짓는 일이다. 작사가는 음악을 듣고, 장르에 따른 적절한 노랫말을 만든다.

두 번째, 작곡이다. 작곡은 음악을 만드는 일이다. 일정한 질서에 따라 음을 조합해 음악을 창조한다. 사람에 따라 작업 방식이 다른데, 직접 악보를 그리거나 작곡 프로그램을 이용한다.

세 번째, 프로듀싱(producing)이다. 프로듀싱이란 음악, 연극, 영화, 방송의 프로그램 기획이나 제작의 모든 관리를 책임지는 것을 말한다. 음악 프로듀서는 가수부터 앨범의 노래 하나하나를 책임지는 총 지휘자다. 신인 아이돌을 찾아서 훈련시키며, 작곡과 편곡 작업 등을 한다. 현재 활동하고 있는 가수 겸 프로듀서는 누가 있을까?

① 지드래곤(빅뱅의 리더): 대부분의 빅뱅 곡과 솔로 앨범 전곡을 작사·작곡했다. 2017년 대중음악 작사·작곡 저작권료 수입

1위 °를 했다. 대표곡은 〈거짓말〉, 〈마지막 인사〉, 〈판타스틱 베이비〉 등이다.

② 지코(블락비) °°: 지코는 〈쇼미더머니4〉에 출연하며 프로듀서의 능력을 인정받았다. 그 후 발매한 〈말해 예스 오어 노〉, 〈보이즈 앤 걸스〉, 〈유레카〉 등으로 음원 순위 1위를 했다.

③ 진영(비원에이포) °°°: 진영은 케이팝 시장에서 주목받는 아이돌 프로듀서다. 대표곡은 〈이게 무슨 일이야〉, 〈굿 타이밍〉, 〈벚꽃이 지면(아이오아이)〉 등이다.

배우돌

배우란 드라마, 영화, 연극, 뮤지컬 등에 출연해 연기를 하는 사람이다. 그러므로 배우는 맡은 배역에 항상 충실해야 한다. 어떤 인물을 맡든지, 그 인물로 태어난 것처럼 성격과 행동 등을 표현해야 한다. 이렇게 배우로 활동하면 다양한 인생을 경험해 보는 장점이 있다.

예를 들어, 자신이 맡은 역할이 조선시대의 왕세자라면 그 배역을 위해 열심히 분석하면서 공부해야 한다. 배우의 캐릭터 말고도 궁궐의 예법, 태도, 신하와의 관계 등도 꼼꼼히 알아 두어야

● 홍수민 기자, '지드래곤·테디, 2017년 작사·작곡 저작권료 수입 1위', 중앙일보
●● 추영준 기자, '블락비 지코가 올해 세운 기록들…', 세계일보, 2016년
●●● 이하나 기자, '아이돌 단독 작곡 1위, 진토벤 B1A4 진영', 서울경제, 2017년

한다. 또 동료 배우와의 우정을 통해 인간적인 관계도 넓혀간다.

반대로 단점도 있다. 우리나라의 드라마와 영화 제작 환경은 혹독한 편이다. 촬영을 위해 종일 대기해야 하는 것은 물론이요, 새벽 시간에도 밤샘 촬영을 이어간다. 그리고 혼자 활동하다 보면 능력 밖의 상황과 마주친다. 외로움, 부족한 연기력, 촬영장에서 벌어지는 여러 문제 등 멤버들과 지낼 때는 모르던 어려움을 겪는다.

배우로 활동하는 아이돌●은 혜리, 정은지, 아이유, 서현진, 배수지, 설현, 정려원, 이준, 최민호, 도경수, 임시완, 박형식, 윤두준, 육성재, 준호 등이 있다.

연극과 뮤지컬에서

연극의 3가지 요소는 희곡, 배우, 관객이다. 어느 것 하나가 빠져도 제대로 된 공연이라고 하지 못한다. 연극과 뮤지컬은 종합예술이다. 무대를 표현하기 위해 미술, 조명, 음악 등이 조화를 이뤄야 한다. 연극과 뮤지컬에 출연하는 배우는 기본적으로 희곡●●에 따라 연기하는데, 연극은 어떤 사건이나 인물을 말과 동작으로 관객에게 보여 준다. 뮤지컬은 노래와 무용, 연극이 조화

● 디지털 뉴스팀, '걸그룹으로 데뷔했지만 연기자로 더 성공한 여자 연예인 8인', 인사이트
　문지영 기자, '배우 뺨치는 연기력으로 인정받고 있는 남자 아이돌 7명', 인사이트

●● 공연을 목적으로 쓴 연극의 각본이다.

를 이룬 현대적 음악극이다.

연극과 뮤지컬은 맨몸으로 관객과 만나는 시간이다. 연극 무대는 화려한 카메라 기술이나 목소리를 손봐 주는 음향 효과가 없다. 그렇기에 기본기가 탄탄해야 한다. 평소에 노래와 춤, 연기 실력을 쌓아온 아이돌이라면 걱정이 없다. 연극적 기술이나 솜씨를 익힌다면, 뮤지컬 무대에서도 자유롭게 날아오를 수 있다. 뮤지컬 배우가 된다는 건, 자신의 자리가 단단해진 것을 의미한다. 언젠가 아이돌의 생명이 끝나도 전문적인 뮤지컬 배우로 활동이 가능하다.

뮤지컬 배우로서 힘든 점은 역시 시간 문제다. 바쁜 아이돌 시간에 맞추다 보면, 연습할 시간도 부족하고, 체력적인 한계도 온다. 한때 모 여자 아이돌은 연습 시간에 지각을 자주 해서 비난을 받은 적이 있다. 이는 부족한 노래 실력과 연기력으로 이어졌다. 그러므로 다른 분야로 진출하려면 프로의 자세로 임하는 정신과 체력이 필요하다.

연극*에 출연한 아이돌은 오종혁, 찬성, 표지훈, 가람, 나르샤 등이다. 뮤지컬**에 출연한 아이돌은 바다, 옥주현, 루나, 김준수, 규현, 양요섭, 성규, 산들, 이창섭, 장동우, 박형식, 수호 등이다.

• 　김연주 기자, '아이돌이 연극무대에 서는 까닭은', 매일경제
•• 　양진하 기자, '아이돌 뮤지컬 흥행시대, 역할 잘 맞는 캐스팅이 성공 열쇠', 한국일보

예능돌●

예능이란 재미와 웃음을 주는 프로그램이다. 예능에서는 진행자(MC)의 역할이 크다. 예전에는 개그맨이나 아나운서가 진행을 맡았는데, 요즘에는 입담이 좋은 아이돌이나 배우가 그 자리를 대신한다. 예능에서 진행을 하려면 뛰어난 재치와 순발력이 필요하다. 프로그램이 돌아가는 전체 상황과 초대된 사람 간의 대화도 능숙하게 주고받아야 한다.

아이돌이 예능을 하면 어떤 점이 좋을까? 대중은 유머 감각이 탁월한 사람을 좋아한다. 만약 신인 아이돌이 뛰어난 말재주로 예능을 주름잡는다면 그 소문은 삽시간에 퍼진다. 그러면 그룹의 인지도도 같이 상승한다. 그 멤버가 속한 아이돌을 언론이 주목하기 시작한다. 유행어, 따뜻한 말 한마디, 빵빵 터지는 재치 등은 대중을 사로잡고, 친근한 아이돌로 인식되는 효과를 준다. 결과적으로 호감 있는 아이돌이라는 이미지로 높은 광고 수입을 내기도 한다.

반대로 말 때문에 문제가 생기기도 한다. 진행 중에 참석자를 업신여기거나 예의 없이 말하면 바로 비호감이 된다. 그렇기에 예능에 진출하려면 항상 겸손하고, 배우려는 자세가 필요하다. 전문 진행자에게 찾아가 조언을 구하는 것도 좋은 방법이다.

예능 프로그램에서 활동하는 아이돌은 이특, 김희철, 신동, 황광희, 박형식, 헨리, 성규, 송민호, 피오, 키 등이다.

● 정해욱 기자, '예능돌이 아이돌 그룹에 미치는 영향', 뉴스토마토

무대 뒤에서
아이돌의 노력과 희생

아이돌의 하루 일과와 비교할 만한 직업은 스포츠 선수다. 김연아 선수●가 활동했을 때의 하루 일과를 잠깐 살펴보자. 8시에 기상해서 스트레칭과 훈련, 운동, 물리치료를 하고, 저녁 9시부터 자유 시간을 갖는다. 그리고 12시에 취침을 한다. 밴쿠버 올림픽에 출전하기 위해 열심히 훈련했던 시간표이다. 훈련 강도가 세기로 유명한 김연아 선수의 스케줄에 버금가는 직업이 있다. 바로 아이돌이다. 아이돌은 연습생 때부터 혹독한 시간을 보낸다. 사생활은 거의 없고, 취침 시간도 무척 짧다.

힘들게 데뷔조가 되고, 아이돌로 데뷔한다고 해도 다람쥐 쳇바퀴 도는 삶은 변하지 않는다. 더 고되질 뿐이다. 바쁜 스케줄로 차

● 배영은 기자, '하루 5시간 맹훈련 금빛 꿈 익는다', 스포츠 동아

를 타고 이동해서 노래를 부르고 내려오는 상황이 반복되면, 현실 감각까지 잃는다고 한다.

연습생의 하루

연습생의 하루는 아침 일찍부터 시작된다. 연습실에 도착하면, 자신이 머무는 곳을 청소하고, 안무 연습을 한다. 기획사에 따라 헬스, 필라테스, 요가 등을 할 수 있기도 한다. 만약 데뷔조라면 외국어(영어, 중국어, 일본)나 연기 수업을 받기도 한다. 그리고 나서 보컬, 안무, 댄스 수업을 받으며 틈틈이 잘 안 되는 부분을 복습한다.

학생 신분의 연습생도 마찬가지다. 학교 수업을 마치면 연습실에 가서 훈련을 이어간다. 순서상의 차이는 있지만, 기획사는 대부분 위와 같은 스케줄로 연습생을 관리한다. 그 밖에 인성 교육과 성교육, 성대 관리법, 우울증 테스트 등●을 하기도 한다. 이런 교육은 몇몇 대형 기획사에서 교육하는 방식이다.

훈련을 마치면 밤늦은 시간이다. 가까운 숙소에서 지내는 연습생이라면 욕심을 내서 연습을 이어간다. 집으로 가는 연습생은 갈 길이 바쁘다. 자칫 막차를 놓치기라도 하면 연습실에서 밤을 지내야 하기 때문이다.

집에 도착한 연습생은 자신에 대한 점검을 마치고 잠에 든다. 주간과 월간 평가를 대비해야 하므로 맘이 편하지는 않다.

●　　권혜림 기자, '연습생의 하루 24시', 더 팩트

행동 규범을 따라야 하는 이유

아이돌 연습생은 기획사의 '행동 규범'을 지켜야 한다. 세상에 규칙을 좋아하는 사람은 별로 없다. 하지만 아이돌이 되려면 포기해야 할 부분이 생긴다. 대표적인 것이 행동 규범이다. 앞에서 말한 아이돌 행동 규범을 다시 한 번 살펴보자.

① 페이스북 등 소셜 미디어 전면 금지

② 휴대폰 사용 규제

③ 연애 금지

④ 외모 규제

⑤ 야식 전면 금지

⑥ 체중 관리

⑦ 외부 활동 규제

이런 행동 규범을 따라야 한다는 건 답답한 일이다. 다시 읽어 보아도 하나도 쉬운 게 없다. 여러분이 더 잘 알겠지만, 청소년 시기는 호기심이 왕성할 때다. 하고 싶은 일이 많고, 만나고 싶은 사람과 가고 싶은 곳도 많다. 그러나 아이돌이 되려고 선택한 만큼 자신의 말과 행동을 자제해야 한다. 창살 없는 감옥에 있는 것처럼 답답하더라도 말이다.

왜 참아야 할까? 아이돌은 혼자가 아니기 때문이다. 예를 들어, 돈과 정성을 들여 잘 키워낸 아이돌이 사건, 사고를 일으키면 회사 입장에서는 어떨까? 주가가 떨어지고, 회사가 망할 만큼 휘청인다. 그래서 기획사는 행동 규범이라는 선을 긋고 위기를 예방하는 것이다.

아이돌 입장에서도 행동 규범을 잘 지켜야 한다. 어찌 보면 행동 규범은 이득이 된다. 오랫동안 정상을 지킨 스타들을 보면 그 이유를 알 수 있다. 그들은 사생활이 깨끗하고 자기 관리를 철저하게 한다. 그러므로 행동 규범을 부정적으로 보지 말고, 자신을 지키는 안전선이라고 생각하자.

가상 여성 아이돌 K씨의 하루

① **오전 4:00 기상:** K씨는 매니저가 깨워서 겨우 일어난다. 새벽 1시까지 안무 연습을 해서 무척 피곤한 상태이다.

② **오전 4:30 차 타기:** 매니저의 차에 오른다.

③ **오전 5:00 미용실(샵) 도착:** 미용사가 머리를 감겨 준다. 잠이 부족한 K씨는 꾸벅꾸벅 존다. 자신의 순서가 끝나면, 다른 멤버의 메이크업이 끝나기를 기다린다. K씨는 그동안 샐러드를 먹고 음료수를 마신다.

④ **오전 8:00 드라이 리허설(음악 방송):** 컴백 무대라서 긴장이 된다. 늘 연습한 대로 최선을 다하려고 애쓴다. 드라이 리허설이 끝나고 멤버들과 부족한 부분에 대해 이야기를 나눈다. 다음 리허설에는 좀 더 완벽을 기할 것이다. 다음 리허설은 더 잘하자고 서로를 격려한다. K씨는 대기실에서 잠시 쉬면서 멤버들을 사진으로 찍는다. 마음을 다스리는 데 좋다는 지인의 말을 듣고 새로 장만한 카메라다.

⑤ **오후 1:00 사전 녹화(음악 방송):** 카메라 앞에서 완벽한 노래와 춤을 선보인다. 대기실에 돌아온 K씨는 멤버들과 사전 녹화를 본다. 잠시 쉴 틈도 없이 두 번째 곡 무대를 위해 멤버들과 부지

런히 움직인다.

⑥ **오후 04:15 두 번째 곡 리허설:** 두 번째 리허설은 한 번에 통과됐다. 그러나 멤버 L이 발목을 삐끗했다. 급히 응급처치를 한 뒤 리허설 영상을 본다. 시간이 부족해서 도시락을 급하게 먹는다. 메이크업을 담당하는 스태프들은 멤버들 챙기기에 바쁘다.

⑦ **오후 6:00 생방송:** 드디어 생방송이 진행된다. 오전에 사전 녹화한 곡이 방송에 나온다. K씨와 멤버들은 매의 눈으로 방송을 지켜본다.

⑧ **오후 08:00 팬 사인회 직전:** 멤버 J가 악성 댓글을 보고 울음을 터트린다. 얼마 전 스토커에게 공격을 받아서 충격이 컸는데, 맘이 약해진 탓이다. K씨는 멤버 J를 다독이고, 팬 사인회에 들어간다. K씨는 힘들게 찾아와 준 팬을 보고 가슴이 뭉클해진다.

⑨ **새벽 2:00 집 도착:** 안무 연습을 마치고 집에 도착한다. K씨는 누웠지만 맘이 편치 않다. 갈수록 화제 순위에서 밀려나는 것 같아 불안하다. 휴대 전화로 스케줄을 확인하고 겨우 잠이 든다.

아이돌의 사생활은 어떨까?

아직 아이돌에 대해 궁금한 것이 많이 남았을 것이다. 식단 관리와 잠, 연습 시간 등 그들의 모든 것에 대해서 말이다. 여기 한 신문사에서 아이돌의 사생활에 대해 설문 조사*한 내용이 있다.

---

* 금고금평 기자, '하루 식사는 두 끼-잠은 3·4시간-연습은 6시간 이상', 문화일보

이 설문 조사에 참여한 팀은 투피엠(6명), 비스트(6명), 샤이니(5명), 씨스타(4명), 걸스데이(4명), 레이디스 코드(5명) 등 30명이다.

설문 조사 내용 중에, 먹고 자는 습관과 연습 시간에 대해 알아보자.

① 하루 몇 끼를 먹나?

1끼(9명), 2끼(12명), 3끼(6명), 4~5끼(3명) 아이돌은 여성과 남성 상관없이 식단 관리를 한다. 대부분 탄수화물은 적게 먹으면서 단백질과 기타 영양을 챙긴다. 4~5끼를 먹는다고 한 아이돌은 체력 소비가 큰 남성 아이돌일 것 같다. 만약 여성 아이돌이라면 칼로리가 낮은 채소와 과일 등을 먹는 횟수가 더해진 결과일 것이다.

② 하루 수면 시간은?

2~3시간(4명), 3~4시간(16명), 5~6시간(8명), 7시간(2명) 아이돌 수면 시간은 짧기로 유명하다. 숙소에서 자기만 해도 다행이다. 새벽 늦게까지 안무 연습과 노래 코치를 받다 보면, 잠잘 시간도 없다. 음악 방송이나 행사가 잡혀 있을 때는 꼭두새벽부터 미용실로 향해야 한다. 그래서 이동하는 내내 쪽잠을 잔다. 수면 시간이 7시간인 경우는 아마도 쪽잠까지 합친 경우가 아닐까 한다.

③ 하루 연습 시간은?

1~2시간(2명), 3~4시간(10명), 6시간(12명), 8시간(4명), 10시간 이상(2명) 우리나라 아이돌의 상징은 칼 군무다. 이 상징성을 지키기 위해 아이돌은 엄청나게 연습을 한다. 신곡, 콘서트, 연말 방

송 무대(그룹, 타 그룹 멤버와의 협업, 커버 무대) 등 인기가 많을수록 연습 시간은 늘어난다. 이 때문에 아이돌의 몸은 늘 아프다. 관절, 디스크, 골절 등의 문제가 찾아온다.

아이돌의 진심

① 지드래곤(빅뱅)*: "나도 (건강이) 나빠지고 싶나 뭐. 지금 이렇게 스케줄 돌리면서 나빠지지 말라고 하는 게 (말이 안 된다).", "그거 정신병 오거든요. 여러분들이 생각하시는 건 어떨지, 저는 가끔 지드래곤의 옷이 너무 무겁습니다." (지드래곤 인스타그램- 솔로 월드 투어 비하인드 영상)

② 박재범**(투피엠): 한국에서 데뷔를 준비하고 투피엠으로 활동하면서 하루 12시간씩 연습을 했다." (CNN 인터뷰)

③ 강다니엘***(워너원): "데뷔를 앞두고는 네 시나 다섯 시쯤 일어나서 스케줄 준비하고, 두세 시쯤까지 연습하고 숙소 와서 한 시간 정도 자고 나갔다.", "하루만 쉬고 싶다는 생각을 한다." (MBC 〈이불 밖은 위험해〉)

● 　김동운 기자, '지드래곤, 살인적 스케줄에 건강 악화? 정신병 오거든요', 국민일보
●● 　강대호 기자, '박재범 CNN 인터뷰- 韓 아이돌 시절 문화 충격', 매일경제
●●● 권길여 기자, '강다니엘-하루에 1시간 잔다… 하루만 쉬고 싶다 고백', 인사이트

아이돌의
아픔

살인적인 스케줄은 아이돌을 아프게 한다. 스트레스, 피로, 수면 부족, 다이어트, 거식증, 우울증, 공황장애, 부상 등 '아이돌의 건강 이상'이란 제목의 기사를 자주 보았을 것이다.

- 용준형(하이라이트)이 고백한 소름돋는 '공황장애' 증상[•]
- 걸스데이 '혜리' 실신… '혹사' 당하는 아이돌, 어느 정도인가 보니[••]
- 오마이걸 진이 활동 중단… 이유는 아이돌 잡는 '거식증'[•••]

[•]   최해리 기자, '11년차 아이돌, 용준형이 고백한 소름 돋는 공황장애 증상', 인사이트

[••]   최동수 기자, '걸스데이 혜리 실신… 혹사당하는 아이돌, 어느 정도인가 보니', 머니투데이

[•••] 전은솔 기자, '오마이걸 진이 활동중단… 이유는 아이돌 잡는 거식증', 데일리즈

늘 화려한 삶을 사는 줄 알았던 아이돌이 이런 아픔을 겪는다니, 안쓰러운 마음이 든다. 모두가 아는 내용이지만 건강하려면 잘 먹고, 잘 쉬어야 한다. 이런 기본적인 것들이 지켜지지 않으니 아이돌이 아픈 건 당연한 일인지도 모른다.

몸도 불안, 마음도 불안

아이돌의 아픔을 알려면 원인을 찾아봐야 한다. 그들은 어떤 이유로 아픈 걸까?•

① 극한 환경: 하루 종일 음악 방송을 하고 와서 또 연습을 해야 한다면 어떤 기분이 들까? 밤 12가 넘은 시각 아이돌은 파김치가 된 몸으로 안무 연습실을 찾는다. 노래 실력이 부족한 멤버는 노래 선생님을 찾아간다. 아이돌은 그때 깨닫는다. 체력만으론 버티기 힘든 세계라는 것을!

② 극한 수면: 아이돌은 상상할 수 없을 만큼 바쁘다. 인기가 좋은 아이돌은 잠을 거의 자지 못한다. 특히 여자 아이돌은 남자 아이돌보다 꾸미는 시간이 더 든다. 멤버 수가 열 명이 넘으면 아예 숙소에 들어가지 못하고 미용실로 바로 직행하기도 한다.

③ 극한 식단: 체중이 아이돌 통과 기준이 된다면? 체중계 앞에서 여자 아이돌은 한없이 작아진다. 몸매 관리를 하느라 못 먹는

• 아이돌의 직업병이다. 연예계의 특수한 상황이 맞물려 생긴 결과이다.

다면 기운 없는 건 둘째치고 속이 상할 것이다. *

④ 극한 불안: 휴식 없는 삶, 수면 부족, 식단 제한…. 문제는 여기서 끝나지 않는다. 인기에 대한 불안감이 파고든다. 경쟁이 치열한 아이돌 세계에서는 그룹뿐만 아니라 개인도 아픔을 겪는다. 아이돌 멤버 중에 자신이 비인기 멤버라면 어떨까? 자존감 떨어지는 소리가 마구 들린다. **

다이어트

텔레비전 화면에 나오는 연예인은 실제보다 약 1.5배 정도 확대된 모습이라고 한다. 몸매에 예민하지 않은 연예인은 없다. 텔레비전 속 모습이 실제보다 부어 보인다면 이처럼 속상한 일도 없으리라. 실제로 대중은 카메라에 비춰진 외모만 보고 연예인을 판단한다. 최고의 모습을 보이려고 식단 관리를 하는데도, 예쁘게 보이지 않는다면 연예인은 독한 마음을 먹게 된다. 혹독한 다이어트에 도전하는 거다.

아이유***는 옷 사이즈가 '33 반'이라고 한다. 마른 몸매를 떠나 왜소한 체격인데, 한때 아침에 사과 하나, 점심에 고구마 두 개, 저녁에는 단백질(셰이크) 음료를 먹었다고 한다.

---

* 아이돌 외에도 모델, 파일럿, 운동선수 등이 모두 식단 관리를 한다.
** 불안감이 커지면 병이 생긴다. 몸이 보내는 작은 신호를 무시하면 안 된다.
*** 온라인 중앙일보, '아이유 식단-이것만 먹고 하루를 버티다니… 아이유 뭘 먹나', 중앙일보

각자가 지닌 아름다움을 그대로 인정해 주는 사회가 될 수는 없을까? 뚱뚱하거나 마른 체형에 상관없이 말이다. 서로의 차이를 거부감 없이 받아들이는 사회가 건강한 법이다. 결과적으로 연예인과 모델들이 앞장서서 마른 몸을 추구하고 다이어트를 하다 보니, 일반인들도 똑같은 미적 기준을 갖게 되었다. 심한 다이어트로 건강을 망치고, 성형이 유행되는 사회적 분위기가 반갑지만은 않다.

거식증과 공황장애

'거식증'이나 '공황장애'에 대해 많이 들어봤을 것이다. 먼저 '거식증'은 먹는 것을 거부하거나 두려워하는 증상이다. 마른 몸매를 만들려는 욕심이 음식에 대한 두려움으로 나타난다. 반대 개념인 '폭식증'도 있다. 폭식증은 한 번에 많은 양의 음식을 먹고 토하는 증상이다. 토를 하는 것은 몸무게가 느는 걸 막으려는 심리에서 나오는 증세이다. 솔로 가수인 아이유•도 한때 폭식증을 앓았다고 고백(SBS 힐링캠프)했다. 아이유는 이러면 안 되겠다 싶어 치료를 받았다고 한다.

공황장애는 갑자기 심한 불안과 공포를 느끼는 상태를 뜻한다. 공황 발작이 되풀이해서 일어나는 병이다. 호흡곤란, 답답함, 심장 박동 증가, 기절, 죽을 것 같은 증상이 나타난다. 흔히 연예인

• 정희원 기자, '아이유도 겪었던 폭식증… 낮은 자존감 회복이 관건', 동아일보

병으로 알려진 이 병은 스트레스가 심한 여러분에게도 나타날 수 있다.

공황장애가 연예인 병으로 불리는 건 급격한 스트레스에 노출되는 직업이기 때문이다. 인기에 대한 불안감, 아이돌과의 경쟁, 쉼 없는 연습 등 아이돌은 늘 긴장 속에서 살아간다. 게다가 속마음을 털어놓을 사람조차 없다면 공황장애가 찾아올 확률이 높다. 따라서 증세가 느껴진다면 방치하지 말고, 즉시 전문가를 찾아가야 한다.

마음의 병 해결법

아이돌의 마음은 아프다. 가벼운 감기처럼 달고 다니던 문제가 어느 샌가 눈덩이처럼 커져서 아이돌의 생존을 위협한다. 이는 우울증, 외로움, 공황장애, 인간관계의 어려움 등으로 나타난다. 심각할 경우에는 극단적으로 자살을 시도하기도 한다.

왜 이런 아픔을 겪는 걸까?

첫째, 아이돌은 자신의 마음과는 상관없이 아파도 슬퍼도 웃어야 하는 운명에 놓여 있다. 본래 연예인이란 직업은 대중에게 한결같은 모습을 보이는 일이다. 특히 아이돌은 늘 에너지 넘치고, 멋지고 예쁜 사람으로 통한다.

음악 시장은 아이돌에게 멋지고 완벽한 모습을 기대한다. 그들은 쇼케이스, 컴백쇼, 콘서트, 투어 등 모두 조명이 번쩍이고 현란한 무대에 서서 퍼포먼스를 펼친다. 언론 역시 화려한 모습에 초점을 맞춰 보도한다. 그래서 대중 역시 같은 눈으로 아이돌을 바라보게 된다.

아이돌을 위한 사회적인 관심이 필요하다. 기획사는 소속된 아이돌의 건강 상태를 책임지고 관리해야 한다. 경제적인 이유로 관리를 못하는 기획사 같은 경우에는 나라의 복지 차원에서 문제를 접근해 치료하는 대안도 생각해 보아야 한다.

둘째, 어린 나이에 과도한 경쟁에 놓여 있다. 부모 품에서 보호와 훈육을 받고 커야 할 나이에 그들은 사회생활을 한다. 냉정한 아이돌 세계에서 잘해도 못해도 늘 맘고생이다. 문제는 속앓이를 하는 거다. 더는 혼자 앓지 말고, 누군가에게 털어놓아야 한다.

오랜만에 친한 친구를 만나 수다를 떨고 나면 재미있고 속이 후련해진다. 부모님 등 가족과 진솔한 대화를 나누면 맘이 편안해진다. 대화하면서 오해도 풀고, 속마음을 드러내며 위로를 받는다. 마치 '너는 혼자가 아니야. 여기 우리가 있어!'라는 무언의 지지를 받는 듯하다. 하다못해 집에서 키우는 반려동물과 장난을 치면서 얘기를 해도 힐링을 받는다. 여러분도 그럴 것이다.

그런데 아이돌로 살면 행동이 늘 조심스럽다. 만남 또한 자유롭지 않다. 자신의 맘을 털어놓고 싶어도 친밀한 관계가 아니라면 얘기를 꺼내기가 쉽지 않다. 그렇다고 해서 포기해선 안 된다. 이럴 땐 자신의 마음을 이야기할 주변 사람이나 의사 선생님을 찾아야 한다. 이야기를 하고도 답답한 마음이 해결되지 않는다면, 전문 상담가를 찾아가 눈을 맞추고 대화를 시도하는 것이 좋다.

추천 스트레스 해소법

스트레스가 쌓였을 때, 자기만의 해소 방법이 있는 것이 좋다. 화가 나서 미칠 것 같을 때, 언성을 높이고 싸우면 독이 된다. 싸움이 끝나고 남는 건 서로에 대한 깊은 상처뿐이다. 이때만큼은 부정적인 감정을 표출할 필요가 없다. 예를 들어, 분노를 조절하는 글쓰기, 신나는 음악을 들으며 춤추기, 잠자기, 목욕하기, 매운 음식 먹기 등으로 스트레스를 푸는 것에 충실해야 한다.

스트레스를 푸는 방법은 간단하다. 거창하거나 비싼 돈이 들지도 않는다. 그저 잠깐의 여유를 가지면 된다. 자신을 돌아볼 순간 말이다. 여기 몇 가지 스트레스 해소법●을 소개한다.

스트레스 해소법 1위는 독서다. 책을 6분 정도 읽으면 스트레스가 68% 줄고, 심박수가 낮아지며 근육 긴장이 풀어진다. 독서를 할 때 중요한 것은 흥미를 느낄 만한 책이어야 한다는 점이다. 현재의 어려움을 잊을 정도로 재미와 즐거움을 준다면 그야말로 최고다.

2위는 음악 감상이다. 음악 감상은 61%의 스트레스를 줄이는 효과가 있다. 음악을 선택할 때에는 자신을 기분 좋게 해 줄 장르로 골라 보자.

● '스트레스 해소법 1위, 의외의 결과… 오랜만에 책이나 한 권', 중앙일보

아이돌이
조심해야 할 것

인기를 누리던 아이돌이 갑자기 사라지는 경우가 있다. 병이나 생명 이상이 아니라면, 인성 문제나 스캔들이 터졌을 때가 많다. 도저히 해결하지 못하는 큰일일 경우에는 소속사에서 아이돌을 퇴출한다. 퇴출하지 않아도 반성하는 차원에서 활동을 잠시 접게 하기도 한다. 하지만 반성도 하지 않고 아무 일도 없던 것처럼 방송을 하면 비난을 피하지 못한다. 대중이 따가운 시선으로 바라보기 때문이다.

인성 문제, 말 실수, 상식 부족, 스캔들, 약물 등의 각종 문제들은 아이돌의 인기를 한순간에 빼앗아 버린다. 우리나라는 특히 연예인의 됨됨이를 많이 본다. 제멋대로 행동하는 연예인보다 착한 연예인을 좋아한다는 뜻이다. 미국의 경우에는 스캔들, 인성, 약물 문제 등이 터져도 활동하는 데 큰 어려움이 없다. 하지만 우리나라는 그렇지 않다.

다시 본론으로 돌아가 보자. 연예인이 잘못된 행동을 한다면 어떻게 될까? 대중들은 실망하고 돌아선다. 어떤 이들은 문제의 자료를 인터넷에 올린다. 그러면 연예인 갑질, 왕따, 허세에서 비롯된 사진이나 동영상이 사방으로 퍼지게 된다.

아이돌이 되고 싶은 여러분에게 당부하고 싶은 말이 있다. 첫째, 겸손한 마음을 가져야 한다. 둘째, 단단한 정신력이 필요하다. 셋째, 상식과 지식을 쌓아야 한다. 넷째, 말과 행동을 조심해야 한다.

연예인이 되려면?

① 착하고 겸손해야 한다

아이돌이 되려면 자기 관리를 잘해야 한다. 기본적으로 겸손해야 한다. 누구에게나 인정을 받으면 좋겠지만, 적어도 나쁜 평가는 받지 않아야 한다. 사회적으로 왕따 문제가 심각한 요즘, 친구들을 괴롭힌 과거가 있다면 괴로운 일이 벌어진다. 아이돌의 진짜 모습을 아는 친구들이 SNS에 퍼트릴 가능성이 있기 때문이다. 실제로 아이돌 오디션 프로그램에 나갔다가, 신상이 공개되어 곤란해지는 경우가 심심치 않게 있다.

연예기획사는 연습생을 뽑을 때 인성을 가장 먼저 본다. 설사 뛰어난 실력으로 아이돌이 된다 하더라도 그 성공이 언제까지 이어질지는 모르는 일이다. 연예계는 갑작스런 일탈이나 스캔들이 끊임없이 일어나는 곳이다. 우리는 최정상에 있다가 갑자기 추락하는 연예인을 많이 보아왔다. 그러므로 아이돌이기 이전에 사람 됨됨이가 좋아야 한다.

② 단단한 정신력이 필요하다

아이돌은 단단한 정신력을 지녀야 한다. 그렇지 않으면 잠깐 동안도 견디기 힘든 직업이다. 시도 때도 없이 언론에 공개되는 삶, 인기에 대한 부담감, 쉴 없는 춤과 노래 연습, 몸매 관리, 사생팬의 괴롭힘, 계약 문제 등이 그들을 힘들게 한다.

이런 환경에서 자신을 지킬 수 있는 방법은 무엇일까?

첫째, 종교 생활이 도움이 된다.

여러분은 별 도움이 안 된다고 생각할 수도 있다. 그러나 차분히 생각해 보길 바란다. 실타래처럼 꼬인 문제를 해결해 줄 사람은 아무도 없다. 심지어 자신조차도 불가능한 일이다.

이럴 때, 종교에 의지해 마음을 다스리면 평안함이 찾아온다. 세상에는 믿음에 의지해 병이 낫고, 기적이 벌어지는 등의 놀라운 일이 생긴다. 모든 문제는 스스로의 마음에 달렸다. 마음을 다스리고 여유를 찾으면 심각했던 일도 다르게 보일 것이다.

둘째, 봉사활동이 도움이 된다.

봉사활동이라고 하면 자신의 시간과 땀, 노력이 희생된다고 착각하기가 쉽다. 아르바이트나 직장처럼 일한 만큼 돈이 나오는 일이 아니기에 그런 생각을 갖는지도 모르겠다. 그러나 봉사활동은 그 무엇보다 가치 있는 일이다.

봉사활동은 나눔의 기쁨을 알게 해 준다. 더불어 알지 못한 사실을 깨닫게 된다. '나는 이만큼 가지고 있구나! 그런데도 감사를 모르고 살았다니.' 진정으로 봉사하는 사람들의 얼굴은 하나같이 즐거움의 빛이 깃들어 있다. 봉사활동의 종류는 다양하고 범위도

넓다. 겨울철 연탄을 나르는 일부터 동물보호센터에서 청소하기, 사료 주기, 목욕시키는 일도 있다.

셋째, 취미 생활이 도움이 된다.

바쁜 삶에 쫓겨 살다 보면 '왜?'라는 질문이 떠오른다. 하는 일마다 의문이 생기며, 짜증과 화가 치밀어 오른다. 가장 어이없는 것은 스스로도 화가 나는 이유를 모를 때다.

이럴 때마다 틈틈이 취미 생활을 해 보자. 특히 연예인은 대기 시간이 많다. 그림 그리기, 요리, 네일 아트, 자전거 타기 등은 어떨까? 뜨개질도 있다. 뜨개질®은 요가나 명상과 같은 효과를 줘서 두려움과 불평을 덜어 준다는 연구 결과가 있다. 차분히 글을 써 보는 것도 도움이 된다. 일기를 쓰듯 자신의 마음을 풀어 가다 보면 진짜 마음을 알 수 있다.

③ 상식과 지식을 쌓아야 한다

아이돌은 세상 상식과 지식을 쌓아야 한다. 적어도 기본 상식이 없어서 웃음거리가 되는 일은 피해야 한다. 대중은 상식이 없는 연예인을 참지 못한다. '그럴 수도 있지, 얼굴이 예쁘니까!'라며 그냥 넘어가지 않는다. 기본 상식이 없다는 건 무지하다는 증거이다. 토크쇼에서 사회자와 대화를 하다가 무지가 들통 나면 그것처럼 곤혹스러운 게 없다. 일반 상식에 관한 문제라면 피해갈

● 이서규 기자, '스트레스 해소-뜨개질, 할리우드 접수', 노컷뉴스

틈이 조금은 있을지도 모른다. 그런데 역사 문제라면 좀 더 심각해진다.

아이돌은 국가 대표 성격을 띤다. 민감한 역사 문제나 상식에 대해 부적절한 말을 하면 영영 되돌릴 길이 없다. 힘들게 쌓아 놓은 이미지가 와장창 무너진다. 그렇기에 틈틈이 상식과 배경지식을 공부해 놓는 게 좋다.

책에 관심이 없다면 흥미가 있는 분야나 쉬운 책부터 읽어 보자. 책을 읽는 습관은 꼭 필요하다. 인문, 역사, 문화, 정치, 예술 등에 두루 관심을 갖고, 사회가 돌아가는 흐름도 읽을 수 있도록 노력해야 한다.

④ 말과 행동을 바르게!

아이돌은 쉽지 않은 직업이다. 어딜 가든지 카메라가 따라다니기에 말과 행동을 늘 조심해야 한다. 한 예로 어느 그룹에서 탈퇴했던 모 아이돌은 건방진 태도로 주차비를 건넸다가 비난을 받아야만 했다. 아이돌의 인성 문제가 다시금 도마 위에 올라간 순간이었다.

말과 행동은 좋은 인성에서 나온다. 인성이 좋지 않으면 아무리 선한 척해도 한계가 있다. 무심코 하는 말과 행동에서 본성이 고스란히 드러나기 때문이다. 연예인의 길은 험난하다. 원한다고 아무나 가는 길이 아니다. 그래도 가야 한다면 스스로 거듭나야 한다. 근본부터 고치려는 노력이 필요하다.

영화 배우 김혜수*의 휴대 전화에는 무명 배우들의 연락처가 빼곡하다고 한다. 좋은 작품을 알게 됐을 때 선배로서 그 자리를 추천해 주기 위함이다. 이런 선한 영향은 힘없는 무명 배우에게 크나큰 도움이 된다.

최고의 자리에 있으면서 주변에 좋은 영향력을 끼치는 연예인들을 모델로 삼기 바란다. 아이돌로 큰 성공을 이뤘다고 거만을 떨거나 교만하지 말고, 끝까지 겸손해야 한다. 존경받는 선배 아이돌이 기부와 봉사로 선행을 이뤄 사회의 모범이 되듯, 여러분도 그렇게 되기를 바란다.

◆ 아이돌이 되고 싶은 사람을 위한 추천 도서

① 이종임, 『아이돌 연습생의 땀과 눈물…』, 서울연구원, 2018년

② 이영호, 『스타가 되고 싶어요 Q&A』, 빅터리하우스, 2018년

③ 손일락, 『별을 꿈꾸다』, 들녘, 2014년

④ 박지원, 『아이돌을 인문하다』, 도서출판 사이드웨이, 2018년

⑤ 박희아, 『아이돌의 작업실』, 위즈덤하우스, 2018년

⑥ 박희아, 『아이돌 메이커』, 미디어샘, 2017년

● 황비 기자, '김혜수가 항상 빼곡히 적힌 무명 배우 리스트를 가지고 다니는 이유', 인사이트

아이돌 7년 징크스

아이돌과의 첫 만남이 '데뷔'라면, 헤어짐은 '7년 징크스' 이후
다. 아이돌 모두 영원히 함께하길 바라지만, 5~7년 뒤에는 반드시
해체가 뒤따른다. 이를 '7년 징크스'라고 한다. 기획사와의 계약이
끝나는 시간이 오면 언론에서도 조짐을 알아차린다. 멤버와의 불
화설, 소속사와의 신뢰가 깨진 일, 소속사에 남기로 한 멤버와 탈
퇴할 멤버에 대한 이야기가 계속해서 기사화된다.

아이돌을 사랑하는 팬의 입장에서 무척 안타까운 일이다. 오래
도록 활동하는 아이돌을 보고 싶은데, 현실적으로 불가능한 일이
기 때문이다. 아이돌 7년 징크스는 왜 생긴 것일까? 징크스(jinx)란
단어의 뜻처럼 재수 없는 일, 불길한 일을 피할 방법은 없는 걸까.

7년 징크스를 피하려면, 재계약을 해야 한다. 그러나 재계약을
하는 것은 쉬운 일이 아니다. 왜냐하면 복잡한 이해관계가 얽혀
있기 때문이다. 기획사의 입장에서는 계산기를 두드려 볼 수밖에

없다. 다시 아이돌을 믿고 투자해도 되는지 신중히 따져 보는 것이다. 투자 가치가 높다면 재계약에 들어간다. 기쁜 소식 같지만, 모든 멤버가 웃을 수 있을지는 미지수다.

각자의 사정

문제는 재계약 제안이 오느냐 마느냐다. 기획사로부터 재계약 연락이 오는 멤버가 있고, 그렇지 못한 멤버가 있다. 연락을 받지 못한 멤버의 입장에서 보면 무척 슬픈 일이다. 한마음으로 형제처럼 살았던 아이돌 중에서 자신만 제외됐으니 말이다. 장수 그룹으로 알려진 모 그룹의 경우에는 이런 문제로 멤버 전원이 탈퇴하여 새 소속사에 들어간 일도 있다.

만약 멤버 전원에게 재계약 제안이 왔더라도 문제는 있다. 저마다 각자의 입장이 다르기 때문이다. 기획사에 남기를 원하는 사람, 새 소속사로 가고 싶은 사람, 아예 연예인 활동을 하고 싶지 않은 사람 등으로 나뉜다. 그러면 각자의 입장을 살펴보자.

첫 번째, 기획사에 남는 사람이다. 이 사람도 이것저것을 따져 본다. 소속사에 남았을 때와 다른 기획사로 갈 때의 이익을 말이다. 현실적으로 다른 기획사의 제안이 없거나, 제안이 왔더라도 조건이 안 좋으면 소속사에 남기로 한다.

두 번째, 새 소속사로 가고 싶은 사람이다. 이 사람에게도 이유는 있다. 멤버와의 갈등, 소속사와의 신뢰 문제, 기대보다 못한 가치 평가(돈 문제) 등이다. 사람은 같은 환경이라도 더 나은 곳에서 일하기를 원한다. 그래서 자신의 가치를 알아주는 곳으로 가고 싶은 것이다.

세 번째, 연예인 생활을 하고 싶지 않은 사람이다. 어떤 이유에서일까? 그 이유를 깊이 있게 얘기해 보자.

아이돌을 힘들게 하는 것

5~7년이란 시간은 길다. 특히 나이 어린 아이돌에게는 젊음을 희생하는 시간이기도 하다. 아이돌로서 살려면 하고 싶은 일을 포기하며 지내야 한다. 바쁜 스케줄로 인해 가족을 만날 시간조차 없다. 해외 투어 중인데, 갑자기 사랑하는 가족이 세상을 떠나는 일도 있다. 장례식에 당장 달려가고 싶은데, 여건이 따르지 않아 가지를 못한다. 참 안타까운 일이다.

앨범 준비, 방송, 콘서트, 뮤직비디오와 화보 촬영, 광고, 팬 미팅, 인터뷰, 각종 행사가 밀려들어 아이돌은 눈코 뜰 새가 없다. 그들은 일어나자마자 꼭두새벽부터 미용실로 향한다. 화보 촬영을 하며 잠깐 쉬던 아이돌이 초죽음 상태로 잠을 자는 모습을 본 적이 있다. 햇볕이 쨍쨍한데도, 잠이 깊게 들어서 옆에서 머리를 들어도 모르는 상황이었다. 이 영상을 보고 나면 한동안 짠한 맘이 가시지 않는다.

인간관계 때문에 생기는 어려움도 있다. 멤버 간의 갈등과 스토커, 악성 댓글러들의 문제다. 먼저 갈등 문제다. 아이돌도 사람인지라 좋아하는 것과 싫어하는 게 있다. 항상 웃는 얼굴로 카메라 앞에 서다 보니 멤버들끼리 사이가 좋은 것처럼 보인다. 그러나 알게 모르게 멤버 간의 갈등이 존재한다.

아이돌 내에는 이런 문제를 위한 보호 장치가 있다. 바로 리더(leader)다. 리더는 그룹 내의 지도자로서, 팀 내에 보이지 않는 문제까지 해결한다. 그들은 소속사와 아이돌 멤버 사이 또는 멤버들끼리의 관계를 조절하는 역할을 한다. 소속사에서 지시한 일을 다른 멤버들이 이해하도록 돕기도 한다. 또한 아이돌의 입장을 소속사에 전달한다. 오해가 생기면 풀어 주고, 의견이 생기면 듣거나 전하는 일을 한다.

스토커와 악성 댓글러도 아이돌들을 힘들게 한다.

스토커는 상대방의 의도와는 상관없이 고의적으로 쫓아다니면서 위협을 가하는 사람이다. 다른 말로 사생팬*이다. 사생팬은 사회적인 문제로 떠오를 정도로 심각하다. 아이돌의 집에 침입하고, 비행기 옆 좌석에 앉아 불법 촬영을 하고, 아이돌에게 전화하여 괴롭힌다. 심지어 가족에게 전화해 협박하기도 한다.

악성 댓글러도 마찬가지다. 나쁜 의도도 글을 써서 아이돌을 공격하고 큰 상처를 준다. 예전에는 이런 인터넷상의 공격을 참으며 속앓이를 했다. 그러나 이제는 소속사 차원에서 대응한다. 법적으로 해결책을 찾는 것이다.

'장수 아이돌'이란 타이틀

7년 징크스 얘기로 돌아가 보자. 7년 징크스, 즉 어려운 시기를

---

* 좋아하는 연예인의 사사로운 일상생활까지 추적하는 극성팬을 말한다.

무사히 이겨내면 '장수 아이돌'의 타이틀을 얻게 된다. 2019년 기준으로 신화 21년, 동방신기 16년, 슈퍼주니어 15년, 빅뱅은 14년이 되었다. 해체와 탈퇴가 많은 아이돌 세계에서 이런 장수 그룹이 있다는 것은 놀라운 일이다.

우리나라 아이돌은 국가 대표라고 할 만큼 맡은 역할이 크다. 전 세계적으로 한국에 대한 관심이 커지는데, 아이돌은 여기에 큰 몫을 해냈다. 해외 팬들은 아이돌 영상을 찾아보다가 한국이란 나라에 관심을 갖는다. 드라마, 영화, 화장품, 음식은 물론, 한국 문화까지 이해를 넓혀간다. 이런 관심은 곧 한국어 공부와 여행, 유학으로 이어진다.

이런 영향력을 알게 되니 아이돌의 해체가 무척 아쉽게 느껴진다. 아이돌이 아닌 아티스트로서 인정받고, 오래도록 남았으면 하는 바람이다.

4장

미래를
살아갈 수 있을까?

아이돌과
한류

한류란 우리나라의 대중문화가 외국에서 유행하는 현상을 뜻한다. 1990년대 드라마와 가요가 중국, 일본, 동남아시아에서부터 인기를 끌면서 시작되었다. 2017년 한국국제문화교류진흥원이 조사한 '한류 실태 조사*'에 따르면, '한국' 하면 떠오르는 이미지로 케이팝(16.6%)이 가장 많았다.

한류의 영향으로 외국인들은 한국을 더 많이 알고 싶어 한다. 노래나 드라마뿐만 아니라 음식, 역사, 패션, 화장품, 문화까지 그들의 호기심을 자극한다. 왜 그런 것일까? 그건 아이돌로 인해 한국을 가깝게 느끼기 때문이다. 마치 친한 친구를 사귀었을 때의 감정과 비슷하며, 한편으로는 연애 감정과 닮았다.

---

* 염지현 기자, 산업이 된 K팝 아이돌, 관광·유학·유통도 흔든다, 중앙선데이

케이팝의 기적

음악의 힘은 놀랍다. 여러 효과가 있겠지만 그중에서 마음을 편안하게 하는 힘이 있다. 어떤 이유에서인지 좋아하는 음악을 들으면 슬픔은 사라지고 기쁨이 찾아온다. 긍정적이고 밝은 생각을 하고 열심히 살아갈 용기를 준다.

음악으로 우울증을 이긴 한 이탈리아의 쌍둥이 자매● 이야기를 잠깐 들어보자.

그들은 남들보다 7개월 먼저 태어났다. 마르따는 또래보다 작은 체구로 태어나 우울했고, 줄리아는 소아마비를 앓았다. 둘 다 온전치 못한 몸 때문에 항상 우울하고 힘들었다. 그러나 이들에게 놀라운 선물이 찾아온다. 바로 빅뱅의 노래였다. 쌍둥이 자매는 노래를 들으며 닫혔던 마음을 열었고, 생각하는 방식도 긍정적으로 변했다.

감동적인 이야기는 무궁무진하다. 한 팬이 트위터에 글과 함께 아들의 잠드는 영상●●을 올렸다. 아들은 편안히 누워서 방탄소년단의 〈4시〉를 들었다. 알고 보니, 팬의 아들은 자폐증을 앓는 4살 아이였다. 위기가 찾아올 때마다 오로지 〈4시〉만이 아이를 진정시킨다는 내용이었다.

●   김민상 기자, '빅뱅 노래로 우울증 극복한 이탈리아 쌍둥이 소녀 사연에 이상민 눈물', 중앙일보
●●   전현영 기자, '아들이 장애를 이겨내고 있습니다-한 엄마가 전한 방탄소년단 노래가 가져온 기적', 인사이트

"아담은 자폐증을 앓고 있어요. 아이의 누나가 방탄소년단의 음악을 들려 준 이후로 아이는 위기를 잘 넘기고 있습니다. 오직 〈4시〉만이 아담을 진정시킵니다. 김태형(뷔) 씨 감사합니다. 김남준(알엠) 씨 감사합니다. 감사합니다."

한국문화원의 '케이팝 아카데미'

유튜브에서 '한국문화원'을 검색하면, 각 나라의 케이팝 팬들이 춤 연습을 하는 모습이 나온다. 춤추는 사람들의 눈빛은 반짝이고 열기도 대단하다. 가장 화제가 된 곳은 영국의 한국문화원이다. 케이팝 아카데미는 12주 과정으로, 학생 30명에게 한국에 대한 모든 것을 가르친다.

학생들은 케이팝뿐만 아니라 역사, 미술, 한글, 요리도 배운다. 무엇보다 좋은 것은 관심사가 같은 친구를 사귈 수 있다는 점이다. 운이 좋아 우수 학생이 되면 상도 받는다. 그 상은 모두가 감격하는 한국행 왕복 비행기 표다. '케이팝 아카데미'를 보면, 놀랍기도 하고 기쁘기도 하다. 케이팝으로 울고 웃는 외국인들의 모습이 감동으로 다가오기 때문이다.

그들은 더는 낯선 외국인이 아니다. 케이팝으로 하나 된 친구이며, 민간 외교관이다. 생각해 보라! 기회만 있다면 그들은 한국을 홍보하려 애쓰고 있다. 왜냐고? 사랑하는 아이돌이 태어난 나라이기 때문이다.

한류 체험

케이팝을 사랑하는 외국인들은 우리나라를 방문한다. 좋아하는 아이돌의 나라에 방문한다는 기쁨도 있겠지만, 주된 목적은 한류 체험*이다. 그들은 케이팝 아이돌처럼 춤을 추려고 학원에 등록하거나, 가수가 되어 노래를 녹음하는 경험도 해 본다.

1세대와 2세대 아이돌이 인기 있을 때만 해도 중국이나 일본, 동남아 관광객들이 많이 찾아왔다. 그러나 지금은 방탄소년단의 인기로 스위스나 독일 등 유럽에서 케이팝 댄스 수강 문의가 온다고 한다. 한류는 이제 아시아에서 세계로 그 열기가 점점 퍼지고 있는 중이다.

외국인 수강생들은 처음에 한국과의 인연을 케이팝으로 시작한다. 그러나 시간이 흐르면서 그들의 눈은 다른 곳을 향하게 된다. 한글, 음식, 화장품, 패션, 문화 등으로 관심이 옮겨 가는 것이다. 외국인들이 한류 체험을 하고 나면 두 부류로 나뉜다. 여행으로 우리나라를 다시 찾아오거나, 아카데미나 대학교 등에 가서 한국에 대해 더 배운다.

◆ 서울시 공식 관광정보 사이트(korean.visitseoul.net)에서는 외국인들을 위한 한류 체험 명소를 소개한다.
① 지상파 방송사: MBC월드, MBC 가든 스튜디오, KBS 신관, 별관.

• 　강홍준 기자, '몰려오는 K팝 유학생 꽉 잡을 한 방이 없다', 중앙선데이

② 연예기획사: SM 엔터테인먼트, JYP 엔터테인먼트, YG 엔터테인먼트, 씨제스 엔터테인먼트, FNC 엔터테인먼트, BH 엔터테인먼트.

③ 케이팝 교육기관: 리얼 케이팝 댄스, 이스타 아카데미, 롤링코리아(한국어학원).

아주 현실적인
미래 전망

연예인이 되면 돈을 많이 벌까?

연예인들의 수입에 관한 정보는 방송에서도 곧잘 나온다. 아이돌 누구누구가 부모님에게 새 집을 사 주고, 강남의 어떤 빌딩을 사고, 어떤 차를 몰고 다닌다는 소문들 말이다. 이런 소식은 아이돌에 대한 환상을 심어 준다. 이런 환상 때문에 아이돌이 되려는 사람도 있을 정도이다.

아이돌 수입을 조사해 보면, 인기에 따라 버는 돈의 차이가 크다. 신문 기사의 제목만 봐도 알 수 있다.

① 방탄소년단과 소년공화국… 아이돌 그룹도 '빈익빈 부익부'●

② 연예인도 부익부 빈익빈… 남성 아이돌, 가요계 수입 상위

●   뉴시스, '방탄소년단과 소년공화국… 아이돌그룹도 빈익빈 부익부', 중앙일보

권 싹쓸이•

③ 정산표에는 빚뿐… 아이돌 출신 BJ가 말하는 비인기 아이돌의 현실••

④ 연습생의 현실… 숨만 쉬어도 월 3,000만 원, 데뷔는 하늘의 별•••

국세청의 연예인 수입 금액 신고 자료••••에 의하면 가수(총 4,587명) 중 상위 1%인 45명이 1년에 버는 돈은 평균 31억 800만 원이었다. 이는 전체 가수 수입의 45%에 해당하는 금액이다. 상위 10%(458명)는 연평균 수입이 6억 400만 원으로 전체의 88.9%를 차지했다. 나머지 하위 90%(4,129명)는 연평균 수입이 800만 원에 불과했다.

아이돌 수입 정산

아이돌이 돈을 버는 방법은 꽤나 복잡하다. 우선 '정산'이란 무슨 뜻일까? 예정한 계산이라는 뜻이다. 아이돌이 번 돈은 어떻게 계산할까? 아이돌의 수입 정산 방법을 알아보자.

• 김소연 기자, '연예인도 부익부 빈익빈… 남성 아이돌, 가요계 수입 상위권 싹쓸이', 한겨레

•• 최민주 기자, '정산표에는 빚뿐… 아이돌 출신 BJ가 말하는 비인기 아이돌의 현실', 인사이트

••• 고승희 기자, '연습생의 현실… 숨만 쉬어도 월 3,000만 원, 데뷔는 하늘의 별', 헤럴드경제

•••• 김소연 기자, '연예인도 부익부 빈익빈… 남성 아이돌, 가요계 수입 상위권 싹쓸이', 한겨레

수입-(연습생 비용+음반 투자금+사용 실비+기타) = 정산*

　예를 들어, 어떤 아이돌(5명)이 광고 촬영으로 수입이 생겼다. 이들의 광고 출연료를 1억 원이라고 하고, 이를 정산해 보자. 우선 연습생 때 쓴 비용 1천만 원, 음반에 투자한 금액 4천만 원, 사용 실비(생활비: 식비, 숙소비, 용돈 등) 3천만 원을 썼다. 그럼 남은 금액은 총 2천만 원이다. 이를 5명으로 나누면 정산 비용은 1명당 400만 원이다.

　2016년 모 여자 아이돌 그룹이 3년 만에 정산을 받았다는 뉴스가 화제였다. 누가 보더라도 성공한 아이돌인 그들의 소식에 모두 놀랐다. 왜 이런 결과가 나왔을까? 그곳 연예기획사는 손익 분기점**을 넘어야 정산을 해 주는 시스템이었다.

　아이돌은 성장하기까지 투자금이 많이 든다. 이 때문에 아이돌을 걸어 다니는 기업이라고 부른다. 아이돌이 정산을 받는 것은 빠르면 데뷔 3년이라는 게 연예계의 상식이라고 한다. 그렇다면 손익 분기점이 넘기 전에는 한 푼도 못 받는 걸까? 아니다. 아이돌이 돈이 필요할 때, 기획사에서 용돈을 준다. 그리고 그 사용액을 '사용 실비'에 기록한다.

●　　김경민 기자, '연예계 정산이 궁금해?', 엑스포츠뉴스

●●　수입과 비용이 일치하여 손실과 이익의 갈림길이 되는 점을 말한다. 수입이 이 분기점을 넘으면 이익이 생긴다. (한국경제신문, 한경 경제용어사전 참고)

아이돌 투자금*

5인조 아이돌을 예로 들어 보자. 5인조 그룹이 데뷔 뒤 6주 동안의 활동 기간에 들어가는 돈은·약 5억 원이다.

신곡 녹음, 뮤직비디오, 앨범 재킷, 바이럴 마케팅**, 임가공비*** 등에 들어 가는 비용이다. 여기에 연습생 발굴 비용과 연습생 기간 안의 투자금까지 더하면 10억 이상의 돈이 들어간다.

이제야 의문이 풀릴 것이다. 아이돌 투자금이란 개념을 정확히 알고 나니 말이다. 이런 개념들을 알고 아이돌을 보면, 조금 다른 눈으로 이 직업을 보게 될 것이다. "저 그룹은 손익 분기점을 넘었나, 안 넘었나? 뮤직비디오 비용이 상당히 들었겠는데?" 하면서 말이다.

아이돌 그룹은 기획사와 7년 계약을 한다. 이중 손익 분기점을 넘어 정산을 받고 계약이 끝나는 경우는 20%도 안 된다****고 한다. 그래서 아이돌이 새 기획사와 계약을 하는 경우에도 정산은 꼬리표처럼 따라다닌다. 새 기획사는 아이돌의 전 기획사에게 나머지 정산 금액을 주기도 한다.

---

* 　배국남 기자, '아이돌 그룹 데뷔까지 10억~11억 원이 들어간다고?', 이투데이
** 　경영 전략의 하나다. 상품을 많이 판매하기 위해 SNS를 이용한다.
*** 　일정한 값을 받고 물품을 가공하는 일의 비용이다.
**** 　김경민 기자, '연예계 정산이 궁금해?', 엑스포츠뉴스

가수와 연예기획사의 권리와 의무

이해를 돕기 위해 〈대중문화예술인(가수중심) 표준전속계약서〉*를 살펴보자. 더 상세한 내용은 부록을 참고하기 바란다.

▶ 수익의 분배 등

• 전속계약을 통하여 얻는 모든 수입은 일단 연예기획사가 수령하며, 아래에 따라 분배합니다. 다만, 가수가 그룹의 일원으로 활동할 경우, 해당 연예활동으로 인한 수입에 대해서는 해당 그룹의 인원수로 나눕니다(「대중문화예술인(가수중심) 표준전속계약서」 제12조제1항).

▶ 음반 및 콘텐츠 판매 수입 분배

• 음반 및 콘텐츠 판매와 관련된 수입은 각종 유통 수수료, 저작권료, 실연료 등의 비용을 공제한 후 연예기획사와 가수가 분배하여 가지는데, 그 분배방식(예: 슬라이딩 시스템)이나 구체적인 분배비율은 연예기획사와 가수가 별도로 합의하여 정합니다(「대중문화예술인(가수중심) 표준전속계약서」 제12조제2항).

▶ 연예활동과 관련된 수익 분배

• 연예활동과 관련된 수익에 대한수익분배방식(예: 슬라이딩 시

• 　문화체육관광부고시 제2018-0047호, 2018. 11. 28. 발령·시행

스템)*이나 구체적인 분배비율도 연예기획사와 가수가 별도로 합의하여 정합니다(「대중문화예술인(가수중심) 표준전속계약서」제12조제3항 전단).

※ 이때 수익분배의 대상이 되는 수익은 가수의 연예활동으로 발생한 모든 수입에서 가수의 공식적인 연예활동으로 현장에서 직접적으로 소요되는 비용(차량유지비, 의식주 비용, 교통비 등 연예활동의 보조·유지를 위해 필요적으로 소요되는 실비)과 광고수수료 비용 및 그 밖에 연예기획사가 가수의 동의하에 지출한 비용을 공제한 금액을 말합니다(「대중문화예술인(가수중심) 표준전속계약서」제12조제3항 후단).

▶ 연예기획사의 교육(훈련)비용 부담
• 연예기획사는 자신의 매니지먼트 권한 범위 내에서 가수의 연예활동에 필요한 능력의 습득 및 향상을 위한 교육(훈련)에 소요되는 제반비용을 원칙적으로 부담하며, 가수의 의사에 반하여 불필요한 비용을 가수에게 부담시킬 수 없습니다(「대중문화예술인(가수중심) 표준전속계약서」제12조제4항).

▶ 가수의 연예활동과 무관한 비용의 자비부담

• 　물가나 생계비 지수의 달라짐에 따라, 임금이나 배당을 올리고 내려서 실질 임금의 안정을 꾀하는 방식을 말한다.

• 가수는 연예활동과 무관한 비용을 연예기획사에게 부담시킬 수 없습니다(「대중문화예술인(가수중심) 표준전속계약서」 제12조제5항).

▶ 배상비용 공제
• 가수의 귀책사유로 연예기획사가 가수를 대신하여 제3자에게 배상한 금액이 있는 경우 가수의 수입에서 그 배상비용을 우선 공제할 수 있습니다(「대중문화예술인(가수중심) 표준전속계약서」 제12조제6항).

▶ 매달 정기 정산 및 지급 의무
• 연예기획사는 가수에게 분배할 금원을 매월 ( )일자로 정산하여 다음 달 ( )일까지 가수가 지정하는 입금계좌로 지급합니다(「대중문화예술인(가수중심) 표준전속계약서」 제12조제7항 본문).
※ 다만, 매월 정산하기 어려운 부분에 대해서는 가수에게 이러한 사실을 알리고 별도의 정산주기 및 지급일을 정할 수 있습니다(「대중문화예술인(가수중심) 표준전속계약서」 제12조제7항 단서).

▶ 정산자료 제공 의무
• 연예기획사는 정산금 지급과 동시에 정산자료(총 수입과 비용공제내용 등을 증명할 수 있는 자료)를 가수에게 제공합니다(「대중문화예술인(가수중심) 표준전속계약서」 제12조제8항 전단).
※ 가수는 정산자료를 수령한 날부터 30일 이내에 정산내역에

대하여 공제된 비용이 과다 계상되었거나 가수의 수입이 과소 계상되었다는 등 연예기획사에게 이의를 제기할 수 있고, 연예기획사는 그 정산근거를 성실히 제공합니다(「대중문화예술인(가수중심) 표준전속계약서」제12조제8항 후단).

▶ 세금의 각자 부담

• 연예기획사와 가수는 각자의 소득에 대한 세금을 각자 부담합니다(「대중문화예술인(가수중심) 표준전속계약서」제12조제9항).

현재 아이돌 지망생만 100만 명에 달한다. 아이돌 음악 전문 웹진 〈아이돌 연감 2015〉*에 따르면 2015년 한 해 동안 데뷔한 신인 아이돌은 60개 팀(324명)에 불과하다. 어렵게 데뷔해도 인기를 얻는다고 장담하지 못한다. 또한 데뷔한 10개 팀 중 8개 팀은 빛을 보지 못하고 사라진다. **

아이돌이 되겠다는 굳은 의지만으로는 장애물을 넘어서기가 어려워 보인다. 만약 한 가닥 희망을 갖고 연습생이 되더라도 갖가지 어려움에 부딪친다. 예를 들어, 기획사가 만들려는 그룹 이미

지에 맞지 않는다면 퇴출된다. 이 과정이 자꾸 반복되면 어떤 기분이 들까? 자존감은 땅에 떨어지고, 살아가야 하는 이유조차 찾기 힘들지도 모른다.

이런 상황에서도 끝까지 연습생의 끈을 놓지 말아야 할까? 아니다. 희망이 없다면 당장 그곳을 떠나야 한다. 그리고 다른 선택을 해야 한다. 아이돌 연습생에서 떨어졌다고 인생에서 실패한 건 아니다. 절망에 머물러 있지 말고, 고개를 들고 세상으로 나와야 한다. 노래와 춤을 좋아한다면, 가수 외에도 할 일은 많다.

보컬 트레이너

보컬 트레이너는 아이돌의 노래 선생님이다. 아이돌이 노래를 잘 부르도록 훈련시키고 지도하는 일을 담당한다. 노래 부를 때의 발성, 호흡 등의 기초를 가르쳐 주며, 나쁜 습관을 고치도록 돕는다.

과거에는 가수들이 작곡가나 프로듀서에게 노래를 배웠다고 한다. 그러나 아이돌이 음악 시장에 나타나면서 이들을 가르칠 전문가가 필요해졌다. 그 결과 보컬 트레이너라는 직업이 생겨났다. 보컬 트레이너가 되려면 특별한 자격증은 필요 없다. 대신 음악을 제작하는 사람들의 인정과 본인의 실력이 중요하다.

그럼 보컬 트레이너는 어떤 사람이 할 수 있을까? 기본적으로 노래 부르는 걸 사랑하는 사람이 이 일에 적합하다. 꾸준히 가수의 길을 가려는 사람에게 이 길을 추천한다. 현재 보컬 트레이너로 활동하는 사람은 가수부터 가수로 데뷔를 꿈꾸는 사람까지 다양하다. 생계를 위해 두 가지 일을 겸해서 하기도 한다.

*보컬 트레이너로 활동하는 사람들

- 김성은(AG성은): <프로듀스 101>의 보컬 트레이너로 유명하다.

- 전봉진●: <복면가왕>에서 드렁작은 타이거로 출연해서 얼굴을 알렸다.

- 김희선: 보컬 트레이너에서 보컬 프로듀서로, 노래, 표정, 감정 등을 훈련
  시킨다.

- 그 밖에 가수 박선주, 김연우, 임정희, 비엠케이, 더원, 케이윌 등이 있다.

안무가

안무가는 아이돌의 춤 선생님이다. 노래가 지닌 의미를 멋진 춤으로 표현하도록 알려 주는 직업이다. 춤의 형태나 진행을 전문적으로 창작하면서 아이돌의 매력을 최대한 끌어올리는 역할을 담당한다. 안무가의 능력이 뛰어나면 아이돌의 춤도 돋보이기 마련이다.

1세대 아이돌부터 3세대까지 수많은 아이돌의 춤과 퍼포먼스는 안무가에 의해 태어났다. 안무가는 멋진 춤을 만들기 위해 창작의 고통을 겪는다. 영화와 미술작품을 보며 아이디어를 얻고, 안 되면 여행이나 명상을 통해서 결과를 만들어 낸다.

안무가는 어떤 사람이 할 수 있을까? 안무가가 되려면 춤에 대

● 강홍민 기자, '보컬 트레이너는 가수의 좋은 거울이죠', 한국경제 매거진

한 열정이 있어야 한다. 더불어 감각적인 능력과 어떤 일에도 쉽게 포기하지 않는 근성이 필요하다. 변화가 심한 직업이라, 중간에 다른 일을 찾기도 한다.

*안무가로 활동하는 사람들
- 남성 안무가: 손성득(방탄소년단), 김태우·심재원(엑소), 두부 °(비투비), 김규상(씨스타)
- 여성 안무가: 배윤정(아이오아이), 리아킴(트와이스), 이솔미(오마이걸), 박준희(여자친구)
- '원밀리언 댄스 스튜디오' 영상을 찾아보자. 국내를 넘어 해외에서 더 유명한 유튜브 채널이다. '리아킴'이 원밀리언 소속이다.

작곡가와 작사가

작곡가와 작사가가 되고 싶다면 어릴 때부터 다양한 음악을 들어야 한다. 클래식부터 각 나라의 대중음악, 민속음악, 최신 유행음악 등 여러 장르를 접하며 감각을 키우는 게 중요하다. 작곡가는 음악을 통해 메시지를 전달하는 일을 한다. 그러므로 악기 연주는 물론이요, 작곡 프로그램을 익혀 곡을 만드는 연습을 하는게 좋다.

작사가는 어떨까? 흔히 작사가를 글 쓰는 직업으로 생각한다.

● 이소라 기자, '춤은 음악을 시각화… 수화로 짠 안무, 노래만큼 큰 울림', 한국일보

그러나 작사는 소설이나 시 쓰기가 아니다. 실제로 음악 작업에 가깝다. 작곡가가 만든 음악을 듣고, 그 느낌에 따라 가사를 쓴다. 가수는 작사가가 쓴 가사를 불러야 하므로 입에 맞는 좋은 노랫말을 쓰는 재치도 필요하다.

작곡가나 작사가가 되고 싶으면 어디로 가야 할까? 음악 전문학원과 전문대학, 대학교의 음악대학에 가야 한다. 관련학과●는 음악과, 작곡과, 실용음악과, 창작음악과, 관현악과, 기악과, 성악과, 피아노학과 등이 있다. 관심이 있다면 지금부터라도 적성에 맞는 학과를 찾아서 체계적인 교육을 받는 것이 중요하다.

비틀즈의 멤버 폴 매카트니는 악보를 쓰거나 볼 줄 모른다. ●● 그럼에도 그가 음악을 작곡하는 건 '시퀀서 프로그램'●●● 덕분이라고 한다. 음악 작업을 할 때 시퀀서 프로그램을 켜 놓고 피아노와 기타를 치면, 이 프로그램이 소리의 주파수를 분석해서 음표로 바꿔 보여 준다.

이처럼 기술이 인간의 부족함을 메꿔 주는 시대이다. 그러므로 음악에 열정이 있다면 한번 시도해 보길 바란다. 미래는 아무도 모른다. 시작은 볼품 없어도 내일이면 제2의 비틀즈 멤버가 되어 있을지도 모르기 때문이다.

●　　교육부 진로정보망 커리어넷- 작곡가
●●　　김형찬 기자, '악보 모르는 폴 매카트니도 작곡하는 비법', 한겨레
●●●　악보를 음으로 바꿀 수 있는 컴퓨터 기기나 프로그램이다.

*작곡가와 작사가로 활동하는 사람들

- 작곡가 조영수: 능력 있는 작곡가다. 그는 정식 음악 교육을 받은 적이 없다. 그는 음악을 귀로 듣고, 코드를 알아내는 방식으로 화성을 배웠다고 한다.

- 작사가 김이나: 아이유 <좋은날>, 샤이니 <헬로>, 브라운 아이드 걸스 <아브라카다브라> 등을 작사했다. 그는 창작을 할 때 정해진 방법이 없다고 말했다. 막연히 꿈만 꾸지 말고, 좋은 노래를 듣고 작사에 도전해 보자.

◆ 관련 책 소개

① 김도훈, 『김도훈 작곡법』, 1458music, 2018년

② 김이나, 『김이나의 작사법』, 문학동네, 2015년

③ MODU 매거진 편집부, 박경임, 『리얼(Real) 작곡가 작사가 프로듀서』, 가나출판사, 2017년

음반 기획자(프로듀서)

이수만(SM), 박진영(JYP), 양현석(YG), 방시혁(빅히트) 등은 연예기획사를 성공적으로 일군 음반 기획자들이다. 뛰어난 가수와 작곡가로서 활동하고, 지금은 대표가 되어 가수들을 관리한다.

이들 같은 음반 기획자는 어떤 일을 할까? 그들은 오케스트라의 지휘자, 축구감독, 영화감독, 수석 요리사 등과 비슷한 역할을 한다.

음반 기획자는 음악감독과의 회의를 통해 음반의 주제를 끌어낸다. 기획된 음반에 맞는 아이돌, 연주자, 작곡가, 작사가, 편곡

가 등을 정해 음악의 작사·작곡 및 편곡 등을 의뢰하고 음반을 제작* 한다. 그리고 음반이 나오기 전에 언론에 홍보할 방식을 기획하는 등 아이돌의 모든 활동을 감독한다.

음반 기획자는 어떤 사람이 할 수 있을까? 그들은 창의적인 아티스트이다. 열의를 갖고 음악 작품을 창작하려는 사람이 적합하다. 기본적으로 작사·작곡 실력이 있고, 음향에 대한 이해가 뛰어난 사람이 어울린다. 음반 기획자는 여러 사람과 팀을 이뤄 작업을 하므로 의사소통도 잘해야 한다. 관련학과**는 대중음악과, 실용음악학과, 음악과, 음악학과 등이 있다.

여러분 중에 가정 형편이 어려워서 음악을 공부할까, 말까 고민하는 사람이 있을 것이다. 그런 사람에게 롤모델이 될 만한 인물이 있다. 바로 '키겐(kiggen)'***이다. 그는 음대를 졸업하지 않았다. 음악을 독학으로 공부했다.

키겐은 재일교포 출신으로 아이돌이 되기 위해 연습생을 했지만, 기획사가 망하면서 데뷔가 멀어졌다. 그러나 키겐은 포기하지 않고, 각종 아르바이트를 하며 작사·작곡에 몰두했다. 그 결과 현재 유명 프로듀서의 길을 걷고 있다.

*   교육부 진로정보망 커리어넷-음반기획자
**   교육부 진로정보망 커리어넷-음반기획자
***   황지영 기자, '데뷔 10주년에 돌아본 아이돌연습생→스타작곡가', 일간스포츠

직업을 통해
얻는 가치

아이돌로 활동하면서 얻을 수 있는 가치에는 어떤 것이 있을까? 자, 하나씩 정리해 보자. ①데뷔로 가수의 꿈을 이룬다. ②팬들의 사랑을 받는다. ③인기와 인지도를 얻는다. ④경제적인 이득을 얻는다. ⑤상을 받으며 명예를 얻는다. 여기까지는 일반적인 경우다. 이 가치들은 개인적인 기쁨에 머무르는 정도다.

또 어떤 가치가 있을까? ①아이돌 스스로 작사, 작곡, 프로듀싱한 음반이 나온다. ②음반에 담긴 사랑과 평화라는 메시지를 듣고 팬이 공감한다. ③팬이 중심이 되어 그 메시지를 실천하고 대중 또한 반응한다. ④각 나라의 팬들이 주변과 사회를 변화시킨다. 이것이 나비 효과가 되어 선한 영향력을 일으킨다. 이처럼 사람과 사회를 변화시킨다. 아무나 흉내 내기 힘든 진정한 아티스트의 모습이다.

팬들에게 사랑을…

세상에 있는 직업 중에 이토록 뜨거운 사랑을 받는 직업이 있을까? 무조건적인 사랑을 주는 팬들이 있어서 아이돌은 오늘도 무대에 서는 것이 즐겁다. 팬들은 아이돌의 눈빛 하나, 손짓 하나에 큰 응원을 보낸다. 어떤 멤버가 눈물을 흘리기라도 하면 팬들의 눈에도 어느새 눈물이 고인다.

전문가에게 이 사랑의 정체에 대해 묻는다면 꽤 진지한 답변을 들어야 할 거다. 아마 논문 수준의 대답이 기다리고 있을지도 모른다. 스타와 팬 사이에는 '정신적인 사랑'이 존재한다. 이를 플라토닉 러브라고 한다. 팬들은 한 번도 직접 보지 못한 아이돌을 위해 기꺼이 마음을 열 준비를 한다. 좋아하는 아이돌을 위해서라면 언제든지 지갑도 열 수 있다.

과거에는 아이돌을 좋아하는 방식이 뜨거운 응원이었다. 무작정 아이돌의 집 앞으로 찾아가 소리를 지르며 밤을 지새웠다. 좋아하는 아이돌에게 피해가 가더라도 상관하지 않았다. 그러나 요즘 팬덤의 방식은 전혀 다르고 새롭다. 팬들은 아이돌의 이름을 위해 선한 일을 한다.

팬들은 아이돌의 이름으로 기부와 봉사 활동을 이어간다. 어려운 이웃을 위해 돈을 기부하고, 쌀과 연탄을 사 준다. 우물을 파고, 학교를 짓는다. 더 특별한 일을 계획하기도 한다. 헌혈 운동, 숲 조성, 우주 행성 선물 등이 그것이다. '위안부' 피해자를 위한 나눔의 집에 후원●을 하기도 했다. 아픈 역사를 잊지 말자며 전 세계 팬들이 나서기도 했다.

기업을 대표하는 이미지

기업의 입장에서 광고 모델에 대해 이야기해 보자. 광고 모델로서 인기 아이돌은 매력적이다. 인기 있는 아이돌인 만큼 각종 예능과 쇼 프로그램에서 활약하며 대중에게 얼굴을 알리기 때문이다. 또한 팬덤을 의식하지 않을 수 없다. 아이돌을 지지하는 팬덤의 지지층이 두텁다면 기업은 놓치고 싶지 않을 것이다.

팬들은 아이돌 굿즈●●라는 이유 하나만으로 물건을 산다. 국내와 해외 팬덤의 소비력을 상상한다면 기업은 당장이라도 아이돌을 광고 모델로 쓰려고 할 것이다. 왜냐하면 인기 아이돌의 인지도를 그대로 끌어와서 활용하고 싶기 때문이다. 아이돌과 기업의 제품이 조화를 이루면 동반 상승효과가 생긴다. 아이돌의 좋은 이미지가 기업으로 이어지며 제품 구매로 이어진다. 여기 광고료에 관한 흥미로운 기사가 있다.

"방탄소년단, 광고료 백지수표… 광고계 BTS라면 개런티 상관 없다."

기업은 세계적인 인기를 누리는 방탄소년단의 가치를 높이 평

●   유원정 기자, 'BTS 해외 아미팬 위안부 피해자 후원 릴레이', 노컷뉴스

●●   아이돌을 모델로 한 상품을 가리킨다.

가하는 듯 보인다. 백지수표는 부르는 게 값이다. 즉, 금액을 적는 액수에 전혀 제한이 없다는 뜻이다. 방탄소년단의 광고료●는 2017년 가을까지 약 9억 원(1년 계약 기준). 〈러브 유어셀프 승 '허'(Love yourself 承 'Her')〉, 발매 이후에는 광고료가 눈에 띄게 올랐다. 10억 원을 훌쩍 뛰어넘더니 정규 3집 〈러브 유어셀프 전 '티어'(Love yourself 轉 'Tear')〉를 발표한 뒤에는 15억 원대를 넘어섰다는 분석이 나왔다.

영광스러운 일

아이돌에게는 유독 기쁜 일이 많다. 활동하면서 늘 행복하고 즐거운 일을 겪는 건 아니지만, 그 어떤 직업보다 영광스러운 일을 많이 경험한다.

첫째, 팬과 만나는 시간이다. 팬미팅, 콘서트, 해외 투어 등으로 아이돌은 팬과 직접 만나며 준비한 모든 것을 보여 준다. 자신의 매력과 끼를 보여 줄 수 있는 장소와 사람이 있다는 건 축복이다. 아무에게나 주어진 복이 아니기 때문이다. 그러므로 아이돌은 힘들더라도 감사한 마음으로 활동에 임한다.

둘째, 시상식 수상이다. 상을 받는 것은 영광스러운 일이다. 후보로 오른 수많은 사람들 중에서 선택을 받았기에 무척 감격스러운 일이다. 상은 여러 의미를 지닌다. 다른 아이돌과는 비교하기

● 　김연지 기자, '방탄소년단, 광고료 백지수표.. 광고계 BTS라면 개런티 상관없다', 일간스포츠

힘든 뛰어난 활동, 작품이 지닌 가치, 인기 등을 종합적으로 판단해서 상을 준다. 또 시상식은 같이 일하는 안무가, 기획자 등 함께하는 사람들의 사기도 올려 준다.

많은 분야의 시상식이 있으나 아이돌은 본업인 가수 외에도 방송, 영화, 뮤지컬 등에서 좋은 성적을 내고 있다. 국내뿐만 아니라 해외에서도 기쁜 소식이 들려온다. 자랑스럽게도 케이팝의 영향력이 커져서 해외 시상식에도 우리나라 아이돌이 시상과 수상을 하러 간다.

셋째, 홍보 대사다. 홍보 대사는 홍보를 목적으로 선택된다. 상징적으로 우리나라나 큰 기관의 모델이 되기 때문에, 주로 이미지가 좋은 연예인이 뽑힌다. 광고 모델과 같은 기준에서 뽑힌다고 보면 된다. 특히 아이돌은 세계 언론이 주목하므로 홍보 대사에 잘 어울린다. 홍보 대사를 맡은 대표적인 아이돌을 살펴보자면 다음과 같다.

① 방탄소년단: 서울시 명예 관광 홍보 대사•
② 엑소: 문화체육관광부 명예 홍보 대사••
③ 태양(빅뱅): 평창 동계 올림픽과 패럴림픽대회 홍보 대사•••

• 손진아 기자, '서울시 측, 방탄소년단, 명예 관광홍보대사 활동은 신의 한 수', 매일경제
•• 최주리 기자, '엑소(EXO), 2018년 한국관광 명예홍보대사로 임명', 서울경제
••• 뉴시스, '빅뱅 태양, 평창 동계올림픽 홍보 대사 위촉', 중앙일보

142

④ 비투비: 한국관광공사 홍보 대사[*]

아이돌이 되고픈 여러분은 현실감이 통 느껴지지 않을 거다. 그러나 이런 '영광스러운 일'을 상상해 보기 바란다. 머릿속에 그리다 보면 조금씩 현실과 가까워지는 자신을 보게 될 것이다. 이런 상상은 긍정적인 결실을 맺게 하는 원동력이 된다.

스타로서의 행동

아이돌은 높은 길로 다니는 특권층에 가깝다. 어린 나이에 성공해서 일반인들은 갖기 힘든 돈과 재능, 힘을 얻는다. 그러나 벼는 익을수록 고개를 숙이는 법이다. 스타라고 자만하지 말고, 겸손과 너그러운 마음씨가 중요하다. 멋대로 행동한다면 어려울 때 도와줄 사람이 주변에 남아 있지 않게 된다.

아이돌은 누군가의 롤모델이자 꿈이다. 자신의 말 한마디, 행동 하나를 누군가 배우고 있다는 걸 기억해야 한다. 뿐인가? 남을 돕는 일에도 앞장서야 한다. 사회에서 존경받는 연예인과 기업인은 기부에 공을 들인다. 어려운 이웃과 아픈 사람들을 위해 돈과 물건으로 기부를 한다. 학교와 병원을 지으며 약자들을 돌보기도 한다.

왜 이런 행동을 하는 것일까? 자신의 재산과 능력을 사회로부

● 　김민정 기자, '한국관광공사, 아이돌 비투비 홍보 대사로 위촉⋯ 7人7色 테마로 한국 알린다', 이투데이

터 받았다고 생각하기 때문이다. 예를 들어, 아이돌은 성공하기까지 무수히 많은 이들의 도움을 받는다. 잠을 깨워 주는 로드 매니저, 분위기에 맞는 옷을 입혀 주는 스타일리스트, 헤어와 메이크업 아티스트, 공연을 돕는 스태프까지 말이다. 그들의 도움이 없다면 아이돌은 무대에 서기가 어렵다.

아이돌은 누군가의 꿈이다

아이돌은 누군가의 꿈이 되고, 길이 된다. 연습생들은 선배 아이돌의 모습에 반해 아이돌이 되기로 결심한다. 선배 아이돌 역시 유명 댄스 가수의 춤과 노래에 빠져 가수가 된다. 놀랍게도 꿈은 서로에게 영향을 준다. 오늘 꿈을 이룬 자는 내일 누군가에게 영감을 준다.

그들은 보이지 않는 끈으로 긴밀하게 연결되어 있다. 누군가의 롤모델, 존경받는 사람이 되는 건 특별한 일이다. 위대한 팝스타이자 최초의 아이돌 비틀즈와 환상적인 춤과 노래, 퍼포먼스로 전 세계를 흔들었던 마이클 잭슨. 이들을 보고 자란 꿈나무가 그 다음을 이끄는 스타가 되는 것처럼, 여러분에게도 엄청난 가능성이 열려 있다.

세계가 주목하는 아이돌의 나라, 한국이다. 개성 넘치는 다양한 아이돌의 역사를 지녔으며 당장 데뷔해도 되는 연습생들이 많다. 보석 같은 여러분도 아이돌을 꿈꾼다면 누군가가 갔던 길을 걸어가는 것이다. 겁내지 마라! 여러분보다 앞서 갔던 선배가 있다. 여러분도 누군가의 꿈이 될 수 있다.

아이돌의 전설과 BTS

비틀즈

비틀즈는 20세기 가장 위대한 뮤지션으로 꼽힌다. 비틀즈는 존 레논, 폴 메카트니, 조지 해리슨, 링고 스타로 구성된 영국의 4인조 밴드이다. 그들은 음악에 관심이 있는 여러분이라면 반드시 찾아봐야 할 전설이다. 대중음악의 역사는 비틀즈의 탄생 전과 후로 나눠지기 때문이다. 말만 들어도 뭔가 대단한 밴드 같지 않은가?

비틀즈는 어떤 음악을 했을까? 그들은 주로 로큰롤(rock and roll)＊을 했지만, 한 장르에만 머물지 않고 다양한 음악을 했다. 만

＊　1950년대에 미국에서 나온 대중음악이다. 흑인의 리듬 앤 블루스와 백인의 컨트리 음악의 요소를 더한 강한 비트의 음악이다.

약 비틀즈의 음악이 다가가기 어려웠다면, 대중은 이들을 받아들이지 않았을 것이다. 비틀즈는 훌륭한 음악과 그 속에 담긴 메시지로 전 세계를 흔들었다. 비틀즈의 투어가 시작되면 수천 명의 팬이 따라다닐 정도였다. 지금은 전혀 낯설지 않은 장면이지만, 과거만 해도 사람들에게 충격적인 장면이었다.

언론은 열광적인 팬들을 일컬어 '비틀마니아'라고 했다. 지금의 아이돌 팬들에게 붙이는 이름의 시작이 여기에서부터 나왔다고 보면 된다. 1964년 비틀즈가 미국에 갔을 때다. 공항에 1만 명의 소녀 팬이 모여들어 비틀즈를 환영했는데, 미국 언론은 이를 일컬어 '영국 침공'이라고 불렀다.

비틀즈가 팝 역사에 남긴 기록

- 전 세계에서 가장 많은 앨범을 판매한 그룹: 약 16억 장(2013
  년 12월 RIAA 기준)
- 빌보드 핫 100 (싱글 차트) 최다 1위 보유: 총 21곡 (〈렛잇비〉,
  〈예스터데이〉 등 포함)
- 빌보드 최장 기간 1위: 총 113주(약 2년 2개월)
- 미국 내 최다 다이아몬드 인증 앨범 보유(1,000만 장 이상 판매
  앨범 수): 총 6장

●   이진섭, '팝 칼럼니스트, 비틀즈- 팝의 클래식, 팝 음악'

마이클 잭슨

마이클 잭슨은 팝의 황제로 불린다. 얼마나 대단해서 황제일까? 그는 훌륭한 댄서이자 가수, 아티스트다. 팝의 황제를 모르는 사람은 대표적인 춤인 문워크, 린댄스를 찾아보기 바란다. 보는 순간 눈을 의심하게 될 것이다. 어떻게 몸을 저렇게 움직일까?라는 감탄만 나오는 춤이다.

마이클 잭슨은 미국의 흑인 팝 가수다. 화려한 춤과 퍼포먼스, 최고의 무대 매너가 그의 상징이었다. 이에 대중은 폭발적인 관심을 보냈다. 흑인이라는 이유로 더는 차별을 못할 만큼 말이다. 마이클 잭슨 이전에는 백인들이 보는 텔레비전*에 흑인이 나오지 못했다.

마이클 잭슨은 전 세계 사람에게 영향을 끼쳤는데, 우리나라 아이돌에게도 예외는 아니다. 유노윤호(동방신기)**, 지민(방탄소년단)*** 등은 마이클 잭슨을 존경하는 팬으로 알려져 있다. 박진영(JYP)****도 "내 음악의 반은 마이클 잭슨"이라고 말할 정도였다.

마이클 잭슨은 '잭슨 파이브'로 데뷔했다. 잭슨 파이브는 친형제 5명과 함께하는 가족 그룹이었다. 가족 그룹의 활동은 꽤나 성공적이어서 평론가들은 이들을 향해 '흑인 비틀스', '미국의 가장

*　김은우 NHN에듀 콘텐츠 담당, '방탄소년단의 흥행에서 마이클 잭슨을 보다', 비즈한국
**　권수빈 기자, '유노윤호-존경하는 마이클 잭슨과 같은 MSG 무대, 의미컸다', 뉴스엔
***　이충민 기자, 'BTS 지민의 우상 '마이클 잭슨', 한국과의 인연 돌아보다', 오마이뉴스
****　이경란 기자, '박진영, 내 음악의 반은 마이클 잭슨', 일간스포츠

위대한 보이밴드'*라고 말했다. 그러나 마이클 잭슨은 솔로 가수로 나서며 더 큰 성공을 이뤘다. 그의 기록은 여기에 다 싣지 못할 정도로 많다.

*마이클 잭슨이 팝 역사에 남긴 기록**

- 〈스릴러〉, 1982년 팝 역사상 가장 많이 팔린 앨범
- 1970년부터 사망 뒤까지 꾸준히 '빌보드(Billboard) 인기 순위 10위' 안에 든 유일한 가수
- 솔로 경력 빌보드 1위곡 13개, 밴드 시절까지 합치면 17개의 빌보드 1위곡을 남긴 가수
- 13개의 그래미상과 살아 있는 전설상 수상

방탄소년단(BTS)

비틀즈와 마이클 잭슨은 다양한 음악 장르를 넘나드는 아티스트였다. 대한민국의 방탄소년단 역시 다양한 음악을 하는 스타다. 아이돌로 가요계에 데뷔했지만, 그 행보는 전혀 아이돌스럽지 않다. 오히려 아티스트에 가깝다. 방탄소년단은 비틀즈, 마이클 잭슨과 비교될 정도로 뛰어난 활동을 펼치고 있다.

이 책을 읽고 있는 여러분 중에 방탄소년단을 모르는 사람은 거

• 이재익 SBS PD, '역사상 가장 위대한 팝의 황제-마이클 잭슨', 한겨레
•• 노시창 기자, '팝의 황제, 마이클 잭슨, VOA(Voice of America)

의 없을 것이다. 그런데 그들을 몰랐다가 야단을 맞은 이들이 있다. 미국 펜실베이니아 주립대의 사회학 교수*가 방탄소년단을 모른다는 이유로 학생들을 꾸짖었다. 그의 말에 따르면 "마케팅을 공부하는 학생이 방탄소년단을 모르면 시장에서 경쟁할 수 없다."고 했다. 이렇듯 방탄소년단의 인기는 단순한 아이돌의 인기를 뛰어넘고 있다.

영국 BBC의 '21세기의 비틀즈'**, 미국 시사 주간지 타임의 '차세대 지도자'***, 미국 블룸버그 통신이 뽑은 '블룸버그 50'****, 다보스포럼 홈페이지의 '방탄소년단' 한국 보이밴드가 세계화 4.0 시대에 전하는 시사점'*****이라는 제목만 봐도, 방탄소년단의 세계적 인기를 알 수 있다.

방탄소년단은 처음부터 주목받은 그룹이 아니었다. 그들이 속한 빅히트는 당시만 하더라도 작은 기획사였다. 방탄소년단은 흙수저 아이돌로 비유되며 스스로 인기를 일군 경우에 속한다. 방탄소년단이 어디까지 나아갈지 모르지만, 그들의 노력과 팬들의 막강한 지지가 있는 한 인기는 계속될 것이다.

• 박지윤 '펜실베이니아 대학교수의 사회학 강의에 방탄소년단이 등장한 이유', 한국국제문화교류진흥원, 2018년

•• 뉴스1, 'BBC 등 英 매체, BTS 찬사; 21세기 비틀즈, 기념비적 성과', 동아일보, 2018년

••• 이유진 기자, '차세대 리더 방탄소년단, 타임지 최신호 표지 장식', 경향신문, 2018년

•••• 권남영 기자, '방탄소년단, 韓최초 '블룸버그 50' 선정… 전례 없는 성공', 국민일보, 2018년

••••• 김윤지 기자, '韓가사로 의미 있는 성공… 다보스포럼, BTS 조명, 이데일리', 2018년

*방탄소년단이 팝 역사에 남긴 기록

- 〈작은 것들을 위한 시〉 뮤직비디오 37시간 만에 유튜브 1억 뷰 돌파. (전 세계 최단 시간 1억 뷰)
- 미국 '빌보드 200' 3연속 1위

〈러브 유어셀프 전 티어(LOVE YOURSELF 轉 Tear)〉

〈러브 유어셀프 결 앤서(LOVE YOURSELF 結 Answer)〉

〈맵 오브 더 소울: 페르소나(MAP OF THE SOUL: PERSONA)〉

- 한국 가수 최초로 영국 오피셜 앨범 차트 톱 100 1위
- 3년 연속 '빌보드 뮤직 어워드' 톱 소셜 아티스트 수상
- '빌보드 뮤직 어워드' 톱 듀오·그룹 수상

아이돌은 누군가의 꿈이 되고, 길이 된다.

연습생들은 선배 아이돌의 모습에 반해 아이돌이 되기로 결심한다.

선배 아이돌 역시 유명 댄스 가수의 춤과 노래에 빠져 가수가 된다.

놀랍게도 꿈은 서로에게 영향을 준다.

오늘 꿈을 이룬 자는 내일 누군가에게 영감을 준다.

여러분도 누군가의 꿈이 될 수 있다.

부록

대중문화예술인
표준전속계약서

대중문화예술인(가수중심) 표준전속계약서(안)

문화체육관광부

문화체육관광부고시
제2018-0047호
(2018. 11. 28. 제정)

[대중문화예술기획업자]　　　　　　(이하'기획업자'이라 한
다)[와, 과]

[대중문화예술인]　　　　　　(본명:　　　) (이하'가수'라
한다)[는, 은]

다음과 같이 전속계약을 체결함에 있어 상호 신의성실로서 이
를 이행한다.

제1조 (목적)

이 계약은 '기획업자'와 '가수'가 서로의 이익과 발전을 위하여
적극적으로 협력하는 것을 전제로, '가수'는 최선의 노력을 통해
자신의 재능과 자질을 발휘하여 자기 발전을 도모함은 물론, 대중

문화예술인으로서 명예와 명성을 소중히 하며, '기획업자'는 '가수'의 재능과 자질이 최대한 발휘될 수 있도록 매니지먼트 서비스를 충실히 이행하고 '가수'의 이익이 극대화되도록 최선을 다함으로써 상호 이익을 도모함에 그 목적이 있다.

제2조 (매니지먼트 권한의 부여 등)

①'가수'는 '기획업자'에게 제4조에서 정하는 대중문화예술인으로서의 활동(이하 "대중문화예술용역"이라 한다)에 대한 독점적인 매니지먼트 권한을 위임하고, '기획업자'는 이러한 매니지먼트 권한을 위임 받아 행사한다. 다만 '가수'가 '기획업자'에게 위 독점적인 매니지먼트 권한의 일부를 위임하는 것을 유보하기로 양 당사자가 합의하는 경우에는 그러하지 아니 하다.

② '기획업자'는 '가수'가 자기의 재능과 실력을 최대한 발휘할 수 있도록 성실히 매니지먼트 권한을 행사하고, '기획업자'의 매니지먼트 권한 범위 내에서의 대중문화예술용역과 관련하여 '가수'의 사생활보장 등 '가수'의 인격권이 대내외적으로 침해되지 않도록 최대한 노력한다.

③'가수'는 계약기간 중 '기획업자'가 독점적으로 권한을 행사하도록 되어 있는 대중문화예술용역과 관련하여 '기획업자'의 사전 승인 없이 자기 스스로 또는 '기획업자' 이외의 제3자를 통하여 출연교섭을 하거나 대중문화예술용역을 제공할 수 없다.

제3조 (계약기간 및 갱신)

① 이 계약의 계약기간은

_____년 _____월 _____일부터 _____년
_____월 _____일까지
(_____년 _____개월)로 한다.

② 제1항에 따른 계약기간이 7년을 초과하여 정해진 경우, '가수'는 7년이 경과되면 언제든지 이 계약의 해지를 '기획업자'에게 통보할 수 있고, '기획업자'가 그 통보를 받은 날로부터 6개월이 경과하면 이 계약은 종료한다.

③ 다음 각 호의 어느 하나에 해당하는 경우에는 제2항의 규정에도 불구하고 '기획업자'와 '가수'가 별도로 서면으로 합의하는 바에 따라 해지권을 제한할 수 있다.

 1. 장기의 해외활동을 위해 해외의 매니지먼트 사업자와의 계약체결 및 그 계약이행을 위하여 필요한 경우
 2. 기타 정당한 사유로 장기간 계약이 유지될 필요가 있는 경우

④ 계약기간 중 다음 각 호의 어느 하나와 같이 '가수'의 개인 신상에 관한 사유로 '가수'가 정상적인 대중문화예술용역을 제공할 수 없게 된 경우에는 그 기간만큼 계약기간이 연장되는 것으로 하

며, 구체적인 연장일수는 '기획업자'와 '가수'가 합의하여 정한다.

1. 군복무를 하는 경우
2. 임신·출산 및 육아, 대학원에 진학하는 경우
3. 대중문화예술용역과 무관한 사유로 인하여 병원 등에 연속으로 30일 이상 입원하는 경우
4. 기타 '가수'의 책임 있는 사유로 대중문화예술용역을 제공할 수 없게 된 경우

⑤ 이 계약의 적용범위는 대한민국을 포함한 전 세계 지역으로 한다.

제4조 (대중문화예술용역의 범위 및 매체)

① '가수'의 대중문화예술용역은 다음 각 호의 활동을 말한다.

1. 작사·작곡·연주·가창 등 뮤지션으로서의 활동 및 그에 부수하는 방송출연, 광고출연, 행사진행 등의 활동
2. 배우, 모델, 성우, 텔레비전탤런트 등 연기자로서의 활동(단, '기획업자'의 독점적 매니지먼트의 대상이 되는 범위에 대하여는 '기획업자'와 '가수'가 별도로 합의하는 바에 따른다)
3. 기타 위 제1호 또는 제2호의 활동과 밀접히 관련되거나 문예·미술 등의 창작활동 등으로서 '기획업자'와 '가수'가 별

도로 합의한 활동

② '가수'의 대중문화예술용역을 위한 매체 등은 다음 각 호와 같다.

1. 텔레비전(지상파 방송, 위성방송, 케이블, CCTV, IPTV 기타 새로운 영상매체를 포함한다) 및 라디오, 모바일기기, 인터넷 등
2. 레코드, CD, LDP, MP3, DVD 기타 음원 및 영상물의 고정을 위한 일체의 매체물과 비디오테이프, 비디오디스크 기타 디지털방식을 포함한 일체의 영상 녹음물
3. 영화, 무대공연, 이벤트 및 행사, 옥외광고
4. 포스터, 스틸 사진, 사진집, 신문, 잡지, 단행본 기타 인쇄물
5. 저작권, 초상권 및 캐릭터를 이용한 각종 사업이나 뉴미디어 등으로 '기획업자'와 '가수'가 별도로 합의한 사업이나 매체

③ 제1항 및 제2항의 규정에도 불구하고 구체적인 대중문화예술용역 범위와 대중문화예술용역 매체 등은 '기획업자'와 '가수'가 부속 합의서에서 달리 정할 수 있다.

제5조 ('기획업자'의 매니지먼트 권한 및 의무 등)

① '기획업자'는 이 계약에 따라 '가수'에 대하여 다음 각 호의 매

니지먼트 권한 및 의무를 가진다.

1. 필요한 능력의 습득 및 향상을 위한 일체의 교육실시 또는 위탁
2. 제4조 제1항의 대중문화예술용역을 위한 계약의 교섭 및 체결
3. 제4조 제2항의 매체에 대한 출연교섭
4. '가수'의 대중문화예술용역에 대한 홍보 및 광고
5. 제3자로부터 '가수'의 대중문화예술용역에 대한 대가 수령 및 관리
6. 대중문화예술용역에 대한 기획, 구성, 연출, 일정관리
7. 콘텐츠의 기획·제작, 유통 및 판매
8. 기타 '가수'의 대중문화예술용역을 위한 제반 지원

② '기획업자'는 '가수'를 대리하여 제3자와 '가수'의 대중문화예술용역에 관한 계약의 조건과 이행방법 등을 협의 및 조정하여 계약을 체결할 권한을 가지는데, 그 대리권을 행사함에 있어 '기획업자'는 '가수'의 신체적, 정신적 준비상황을 반드시 고려하고, 미리 '가수'에게 계약의 내용 및 일정 등을 사전에 설명하며, 또 '가수'의 명시적인 의사표명에 반하는 계약을 체결할 수 없다.

③ '기획업자'는 '가수'의 대중문화예술용역과 관련하여 계약기간 이후에도 효력을 미치는 계약을 교섭·체결하기 위해서는 '가수'의 동의를 얻는다.

④ '가수'의 대중문화예술용역을 제3자가 침해하거나 방해하는 경우 '기획업자'는 그 침해나 방해를 배제하기 위한 필요한 조치를 취한다.

⑤ '기획업자'는 이 계약에 따른 '가수'의 대중문화예술용역 또는 대중문화예술용역 준비 이외에 '가수'의 사생활이나 인격권을 침해하거나 침해할 우려가 있는 행위를 요구할 수 없고, 부당한 금품을 요구할 수도 없다.

⑥ '기획업자'는 '가수'의 사전 서면동의를 얻은 후 이 계약상 권리 또는 지위의 전부 또는 일부를 제3자에게 양도할 수 있다.

제6조 ('가수'의 일반적 권한 및 의무)

① '가수'는 제2조 및 제5조에 따라 행사되는 '기획업자'의 매니지먼트 활동에 대하여 언제든지 자신의 의견을 제시할 수 있고, 필요한 경우 '가수'의 대중문화예술용역과 관련된 자료나 서류 등을 열람 또는 복사해 줄 것을 '기획업자'에게 요청할 수 있고, '기획업자'는 이에 응한다.

② '가수'는 '기획업자'의 매니지먼트 권한 행사에 따라 자신의 재능과 실력을 최대한 발휘하여 대중문화예술용역을 제공한다.

③ '가수'는 대중문화예술용역에 지장을 초래할 정도로 대중문화예술인으로서의 품위를 손상시키는 행위를 하지 아니하며, '기획업자'의 명예나 신용을 훼손하는 행위를 하지 아니한다.

④ '가수'는 '기획업자'가 제5조 제5항의 규정에도 불구하고 부당한 요구를 하는 경우에는 이를 거부할 수 있다.

⑤ '가수'는 계약기간 중 '기획업자'의 사전 동의 없이는 제3자와 이 계약과 동일하거나 유사한 계약을 체결하는 등 이 계약을 부당하게 파기 또는 침해하는 행위를 할 수 없다.

제7조 ('가수'의 인성교육 및 정신건강 지원)

'기획업자'는 '가수'가 대중문화예술인으로서 자질과 인성을 갖추는데 필요한 교육을 제공할 수 있고, '가수'에게 극도의 우울증세 등이 발견될 경우 '가수'의 동의 하에 적절한 치료 등을 지원할 수 있다.

제8조 (상표권 등)

'기획업자'는 계약기간 중 본명, 예명, 애칭을 포함하여 '가수'의 모든 성명, 사진, 초상, 필적, 기타 '가수'의 동일성(identity)을 나타내는 일체의 것을 사용하여 상표 및 디자인을 개발할 수 있으며, 이를 '기획업자'의 업무 또는 '가수'의 대중문화예술용역에 이용(제3자에 대한 라이선스 포함)하기 위해 '기획업자'의 이름으로 상표등록 또는 디자인등록을 할 수 있다. 다만 계약기간이 종료된 이후에 '기획업자'는 전단에 따라 등록한 상표권 및 디자인권을 '가수'에게 이전하여야 하며, '기획업자'가 상표 및 디자인 개발에 상당한 비용을 투자하는 등 특별한 기여를 한 경우에는 '가수'에게 정당한 대가를 요구할 수 있다.

제9조 (퍼블리시티권 등)

① '기획업자'는 계약기간에 한하여 본명, 예명, 애칭을 포함하여 '가수'의 모든 성명, 사진, 초상, 필적, 음성, 기타 '가수'의 동일성(identity)을 나타내는 일체의 것을 '가수'의 대중문화예술용역 또는 '기획업자'의 업무와 관련하여 이용할 수 있는 권한을 가지며, 계약기간이 종료되면 그 이용권한은 즉시 소멸된다.

② '기획업자'는 제1항의 권한을 행사함에 있어 '가수'의 명예나 기타 '가수'의 인격권이 훼손하는 방식으로 행사할 수 없다.

제10조 (저작권 귀속 등)

① 계약기간 중에 '가수'와 관련하여 '기획업자'가 개발·제작한

콘텐츠(이 계약에서 "콘텐츠"라 함은 '가수'의 대중문화예술용역과 관련하여 제4조 제2항의 매체를 통해 개발·제작된 결과물을 말한다)에 대한 저작권은 '기획업자'에게 귀속되며, 별도의 특약이 없는 한 '가수'의 실연이 포함된 콘텐츠 이용을 위하여 필요한 권리는 '기획업자'가 양도받은 것으로 본다.

② 계약종료 이후 제1항에 따라 매출이 발생할 경우, '기획업자'는 '가수'에게 매출의 _____%를 정산하여 ( )개월 단위로 지급한다. 다만, '가수'가 '기획업자'에게 지급하여야 할 금원이 있는 경우에는 위 정산금에서 우선 공제할 수 있고, '기획업자'는 '가수'의 요구가 있는 때에는 정산금 지급과 동시에 정산자료를 '가수'에게 제공한다.

③ 계약종료 후 1년간 '가수'는 '기획업자'가 '가수'를 통하여 개발·제작한 콘텐츠의 소재가 된 것과 동일 또는 유사한 것을 해당 콘텐츠와 동일 또는 유사한 형태의 콘텐츠(예컨대, 가수가 동일 곡을 재가창한 음반, 디지털파일 등의 녹음물)로 직접 또는 제3자를 통하여 제작하여 사용하거나 판매할 수 없다.

④ 이 조항과 관련하여 '기획업자'는 대한민국 저작권법에 따라 보호되는 '가수'의 저작권 및 저작인접권을 인정하고, '가수'는 자신의 저작권 및 저작인접권 활용을 통해 '기획업자'의 콘텐츠 유통 등을 통한 매출확대 및 수익구조 다변화를 기할 수 있도록 적

극 협력한다.

제11조 (권리 침해에 대한 대응)

제3자가 제8조 내지 제10조에 규정된 권리를 침해하는 경우, '기획업자'는 '기획업자' 자신의 책임과 비용으로 그 침해를 배제하기 위한 조치를 취할 수 있으며 '가수'는 이와 같은 '기획업자'의 침해배제조치에 협력한다.

제12조 (수익의 분배 등)

① 이 계약을 통하여 얻는 모든 수입은 일단 '기획업자'가 수령하며, 아래 제2항 및 제3항에 따라 분배한다. 단, '가수'가 그룹의 일원으로 활동할 경우, 해당 대중문화예술용역으로 인한 수입에 대해서는 해당 그룹의 인원수로 나눈다.

② 음반 및 콘텐츠 판매와 관련된 수입은 각종 유통 수수료, 저작권료, 실연료 등의 비용을 공제한 후 '기획업자'와 '가수'가 분배하여 가지는데, 그 분배방식(예: 슬라이딩 시스템)이나 구체적인 분배비율은 '기획업자'와 '가수'가 별도로 합의하여 정한다.

③ 대중문화예술용역과 관련된 수익에 대한 수익분배방식(예: 슬라이딩 시스템)이나 구체적인 분배비율도 '기획업자'와 '가수'가

별도로 합의하여 정한다. 이때 수익분배의 대상이 되는 수익은 '가수'의 대중문화예술용역으로 발생한 모든 수입에서 '가수'의 공식적인 대중문화예술용역과 관련하여 직접적으로 소요되는 비용(차량유지비, 의식주 비용, 교통비 등 대중문화예술용역의 보조·유지를 위해 필요적으로 소요되는 실비)과 광고수수료 비용 및 기타 '기획업자'가 '가수'의 동의 하에 지출한 비용을 공제한 금액을 말한다.

④ '기획업자'는 자신의 매니지먼트 권한 범위 내에서 '가수'의 대중문화예술용역에 필요한 능력의 습득 및 향상을 위한 교육(훈련)에 소요되는 제반비용을 원칙적으로 부담하며, '가수'의 의사에 반하여 불필요한 비용을 '가수'에게 부담시킬 수 없다.

⑤ '가수'는 대중문화예술용역과 무관한 비용을 '기획업자'에게 부담시킬 수 없다.

⑥ '가수'의 귀책사유로 '기획업자'가 '가수'를 대신하여 제3자에게 배상한 금원이 있는 경우 '가수'의 수입에서 그 배상비용을 우선 공제할 수 있다.

⑦ '기획업자'가 제3자로부터 '가수'의 대중문화예술용역 제공의 대가를 수령한 경우, 수령일로부터 45일 이내에 '가수'에게 계약에 따른 금원을 지급한다. 다만, 지급을 지체할 정당한 사유가 있는 경우에는 지급일로부터 45일의 범위에서 그 지급 기한을 연

장할 수 있다.

⑧ '기획업자'는 정산금 지급과 동시에 정산자료(총 수입과 비용 공제내용 등을 증빙할 수 있는 자료)를 '가수'에게 제공한다. '가수'는 정산자료를 수령한 날로부터 30일 이내에 정산내역에 대하여 공제된 비용이 과다 계상되었거나 '가수'의 수입이 과소 계상되었다는 등 '기획업자'에게 이의를 제기할 수 있고, '기획업자'는 그 정산근거를 성실히 제공한다.

⑨ '기획업자'와 '가수'는 각자의 소득에 대한 세금을 각각 부담한다.

제13조 (확인 및 보증)

① '기획업자'는 '가수'에 대해 계약체결 당시 제5조 제1항의 매니지먼트 권한 및 의무를 행사하는데 필요한 인적·물적 자원을 보유하거나 그러한 능력을 갖추고 있다는 것을 확인하고 보증한다.

② '가수'는 '기획업자'에 대해 다음 각 호의 사항을 확인하고 보증한다.

1. 이 계약을 유효하게 체결하는데 필요한 권리 및 권한을 보유하고 있다는 것

2. 이 계약의 체결이 제3자와의 다른 계약을 침해하지 않는다는 것
3. 계약기간 중 이 계약내용과 저촉되는 계약을 제3자와 체결하지 않는다는 것

제14조 (계약내용의 변경)

이 계약내용 중 일부를 변경할 필요가 있는 경우에는 '기획업자'와 '가수'의 서면합의에 의하여 변경할 수 있으며, 그 서면합의에서 달리 정함이 없는 한, 변경된 사항은 그 다음 날부터 효력을 가진다.

제15조 (계약의 해제 또는 해지)

① '기획업자' 또는 '가수'가 이 계약상의 내용을 위반하는 경우, 그 상대방은 위반자에 대하여 14일 간의 유예기간을 정하여 위반사항을 시정할 것을 먼저 요구하고, 그 기간 내에 위반사항이 시정되지 아니하는 경우에 상대방은 계약을 해제 또는 해지하고, 손해배상을 청구할 수 있다.

② '기획업자'가 계약내용에 따른 자신의 의무를 충실히 이행하고 있음에도 불구하고, '가수'가 계약기간 도중에 계약을 일방적으로 파기할 목적으로 계약상의 내용을 위반한 경우에는 '가수'는 제

1항의 손해배상과는 별도로 계약해지 당시를 기준으로 직전 2년간의 월평균 매출액에 계약 잔여기간 개월 수를 곱한 금액('가수'의 대중문화예술용역 기간이 2년 미만인 경우에는 실제 매출이 발생한 기간의 월평균 매출액에서 잔여기간 개월 수를 곱한 금액)을 위약벌로 '기획업자'에게 지급한다. 이 경우 계약 잔여기간은 제3조 제3항의 규정이 적용되는 경우가 아닌 한, 제3조 제1항에 따른 계약기간이 7년을 초과하는 경우에는 7년을 초과한 기간은 계약 잔여기간에서 제외한다.

③ 계약 해지일 현재 이미 발생한 당사자들의 권리·의무는 이 계약의 해지로 인하여 영향을 받지 않는다.

④ '가수'가 중대한 질병에 걸리거나 상해를 당하여 대중문화예술용역의 제공을 계속하기 어려운 사정이 발생한 경우 이 계약은 종료되며, 이 경우에 '기획업자'는 '가수'에게 손해배상 등을 청구할 수 없다.

⑤ '기획업자' 또는 '기획업자' 소속 임원(등기임원을 말한다)이 '가수'에 대한 성범죄(성폭력, 성추행 등)로 인하여 법원의 확정 판결을 받은 경우, '가수'는 계약을 해지할 수 있다.

⑥ '기획업자' 소속 직원(고용형태를 불문한다)이 '가수'에 대한 성범죄(성폭력, 성추행 등)로 인하여 법원의 확정 판결을 받은 경우,

'가수'는 계약을 해지할 수 있다. 다만, '기획업자'가 소속 직원의 성범죄에 대하여 귀책사유 없음을 증명하는 경우에는 그러하지 아니하다.

제16조 (비밀유지)

'기획업자'와 '가수'는 이 계약의 내용 및 이 계약과 관련하여 알게 된 상대방의 업무상의 비밀을 제3자에게 누설하거나 부당한 목적으로 사용하여서는 아니 된다. 이 비밀유지의무는 계약기간 종료 후에도 유지된다.

제17조 (분쟁해결)

① 이 계약에서 발생하는 모든 분쟁은 '기획업자'와 '가수'가 자율적으로 해결하도록 노력한다.

② 제1항에 따라 해결되지 않을 때에는 다음 중 _____에 따라 해결한다.

1. 한국콘텐츠진흥원 산하 콘텐츠분쟁조정위원회의 조정
2. 중재법에 의하여 설치된 대한상사중재원의 중재(仲裁)

> '중재'란 분쟁을 해당 분야 전문가들의 판정에 의해 해결하는 제
> 도인데, 소송(3심제)과는 달리 단심으로 끝남 (중재판정은 법원
> 의 확정판결과 동일한 효력)

3. 민사소송법 등에 따른 법원에서의 소송(訴訟)

제18조 (청소년의 보호)

① '기획업자'는 청소년 대중문화예술인의 신체적·정신적 건강, 학습권, 인격권, 수면권, 휴식권, 자유선택권 등 기본적인 인권을 보장한다.

② '기획업자'는 연예매니지먼트 계약을 체결하는 경우 대중문화예술인의 연령을 확인하고 청소년의 경우 과다노출 및 지나치게 선정적으로 표현하는 행위를 요구할 수 없다.

③ '기획업자'는 청소년 대중문화예술인에게 과도한 시간에 걸쳐서 대중문화예술용역을 제공하게 할 수 없다.

제19조 (부속 합의)

① '기획업자'와 '가수'는 이 계약의 내용을 보충하거나, 이 계약에서 정하지 아니한 사항을 규정하기 위하여 부속 합의서를 작성

할 수 있다.

② '가수'가 그룹의 일원으로 대중문화예술용역을 제공하는 경우에 제8조(상표권 등) 내지 제10조(저작권 귀속 등)의 규정은 별도의 합의로 정할 수 있다.

③ 제14조에 따른 계약내용 변경 및 제1항에 따른 부속 합의는 이 계약의 내용과 배치되거나 위반하지 않는 범위로 한정한다.

이 계약의 성립 및 내용을 증명하기 위하여 계약서 2부를 작성하고, '기획업자'와 '가수'가 서명 날인 후 각 1부씩 보관한다.

계약체결 일시 :　　년　　월　　일

계약체결 장소 :

대중문화예술기획업자

주　소 :

회사명 :

대표자 :　　　　　　　　인

대중문화예술인

주 소 :

생년월일 :

성 명(실명) :   인

대중문화예술인의 법정대리인(미성년자인 경우)

관 계 :

주 소 :

생년월일 :

성 명(실명) :   인

〈첨 부〉

1. 부속 합의서